TAGRID YOUSEF (HRSG.)
AYNUR ERDOGAN
ANNEGRET MOORMANN
CHRISTIAN MOORMANN

Unterrichtseinstiege DaZ/DaF

Cornelsen

Die Herausgeberin und das Autorenteam

Dr. Tagrid Yousef, Neurobiologin, hat 15 Jahre Biologie, Physik, Psychologie und Gesundheitswissenschaften an Berufskollegs in Düsseldorf und Duisburg unterrichtet und wurde 2012 mit dem Deutschen Lehrerpreis in der Kategorie „Unterricht innovativ" ausgezeichnet. Sie leitet das Kommunale Integrationszentrum der Stadt Krefeld und ist an den Universitäten Duisburg/Essen und Bochum u. a. in der Lehrerausbildung tätig.

Aynur Erdogan, Lehrerin, unterrichtet die Fächer Deutsch, Englisch, DaZ sowie Darstellen und Gestalten an einer Gesamtschule in Krefeld. Seit 2007 ist sie Lehrbeauftragte der Universität Duisburg-Essen und bietet Seminare im Fachbereich Germanistik/ProDaz mit dem Schwerpunkt Sprachbildung/Mehrsprachigkeit an.

Annegret Moormann, Studienrätin, unterrichtet die Fächer Englisch, Deutsch und DaZ am Fichte-Gymnasium in Krefeld. Sie ist Klassenlehrerin einer Vorbereitungsklasse.

Christian Moormann, Studienrat, unterrichtet die Fächer Englisch, Geschichte und DaZ am Mercator Berufskolleg in Moers. An seiner Schule ist er für den Bildungsgang Internationale Förderklassen zuständig.

Projektleitung: Meike Stein-Khouja, Berlin
Redaktion: Anja Sieber, Hamburg
Umschlagkonzept: Jule Kienecker, Berlin
Gesamtgestaltung: LemmeDESIGN, Berlin
Layout/technische Umsetzung: Kösel Media GmbH, Krugzell

www.cornelsen.de

1. Auflage, 2. Druck 2023

Druck: AZ Druck und Datentechnik GmbH, Kempten

ISBN 978-3-589-16187-4

Interkulturelle Kompetenz

Wortschatz

Schreiben mit Textkompetenz

Methodentraining

Alphabetisierung

Vorwort

Die Begriffe Deutsch als Zweitsprache oder Deutsch als Zielsprache (DaZ) gehören seit Beginn meiner Tätigkeit als Leiterin des Kommunalen Integrationszentrums (KI) in Krefeld zu meinem Alltag. Kollegen aller Schulformen, Ehrenamtler und engagierte Bürger rufen bei uns an und wünschen sich auf diesem Gebiet Unterstützung. Dieser Herausforderung stellen wir uns, mein Team und ich. Neben diversen Einzelberatungen und Fortbildungen in diesem und in anderen Bereichen bieten wir auch Arbeitskreise für die verschiedenen Schulformen an. Ich selbst bin keine DaZ-Lehrerin oder Expertin, aber in meinem KI-Team habe ich eine Mitarbeiterin, Claudia Wartzek, die die Aufgabe der DaZ-Koordinatorin für Krefeld übernommen hat. An dieser Stelle möchte ich ihr ganz herzlich für das tolle Engagement und die unermüdliche Geduld danken. Aus unseren vielen Ideen ist auch ein DaZ-Tag für Krefeld entstanden, der seit 2014 jährlich für alle Lehrer in Krefeld und weitere Interessierte durchgeführt wird. Einen ganzen Tag lang erfahren Interessierte alles rund um neu zugewanderte Schüler: Wie gestalte ich meinen DaZ-Unterricht? Worauf muss ich bei traumatisierten Kindern achten? Wie gehe ich mit Mehrsprachigkeit um? Wie unterstütze ich am besten zu alphabetisierende Kinder? Welche Unterrichtsmethoden eigenen sich am besten?

In den Arbeitskreisen für Grundschulen, für die Sekundarstufe I/II und für die Berufskollegs treffen sich alle Kollegen, die neu zugewanderte Schüler unterrichten. Hier finden intensive Austauschgespräche statt, es entstehen Ideen für den Unterricht und man kann mal „Dampf ablassen". Aus diesem Arbeitskreis konnte ich u. a. auch die Kollegen gewinnen, die dieses Buch mit ihren kreativen Ideen gefüllt haben.

Ich wünsche Ihnen viel Freude beim Einsatz der vorgestellten Unterrichtseinstiege und mit den Lernenden!

Dr. Tagrid Yousef, Herausgeberin

Hinweis: Im Interesse einer besseren Lesbarkeit wird nicht ausdrücklich in geschlechtsspezifischen Personenbezeichnungen differenziert. Die gewählte männliche Form schließt alle Geschlechter gleichberechtigt ein.

Einleitung

Der erste Eindruck in einer Stunde ist der Stundeneinstieg. Hier kann entweder der Funke auf die Lernenden überspringen oder aber das Interesse am Unterrichtstoff bereits erlöschen.

Gerade bei unseren neu zugewanderten Schülern ist es von Bedeutung, mit einem Ritual die Unterrichtsstunde zu beginnen. Die meisten von ihnen kennen nur Frontalunterricht, weshalb es umso wichtiger ist, mit unseren Lernmethoden einen langsamen Einstieg zu finden und sie behutsam an kooperative Lernmethoden heranzuführen.

Dieser Band enthält eine Sammlung praxiserprobter Einstiege für den DaZ-Unterricht. Nach *Thaler*[1] haben Einstiege im Wesentlichen folgende Funktionen: Motivation, Lernerleichterung und Ritualisierung. Sie sollten möglichst abwechslungsreich sein und die eigentliche Stunde möglichst sinnvoll vorbereiten (vgl. *Thaler* 2013, 96 ff.), jedoch nie zum Selbstzweck durchgeführt werden. Deshalb bieten die folgenden Kapitel vielmehr Einblicke in kreative Möglichkeiten, Einstiege zu gestalten, die dann in diversen passenden Stunden adaptiert werden können. Oft sind zahlreiche Varianten denkbar, die mit unterschiedlichen Stundenentwürfen kompatibel sind. Aus diesem Grund ist die Zuordnung zu einer bestimmten Kompetenz auch immer nur bedingt möglich. Viele Einstiege eignen sich auch für den Fremdsprachenunterricht mit deutschen Lernern.

Im Mittelpunkt des DaZ-Unterrichts stehen immer die Schüler und ihre Bedürfnisse. Gerade in den ersten zwei Lernjahren gilt es, Neuzugewanderte möglichst schnell auf das Sprachniveau B1 zu bringen, damit sie am Leben in Deutschland partizipieren können. Das geht über traditionelle Inhalte hinaus und erfordert oft einen fächerübergreifenden Ansatz, denn letztlich müssen die Kinder und Jugendlichen nicht nur in kürzester Zeit befähigt werden, am Unterricht in den Regelklassen teilzunehmen, sondern auch zu mündigen Mitgliedern unserer Gesellschaft zu werden.

Das kann nur gelingen, wenn in der Schule alle beteiligten Lehrer an einem Strang ziehen und sich auch Fachlehrer für die Sprachförderung verantwortlich fühlen. Von Biologielehrern muss u. a. Wortschatzarbeit geleistet werden, wofür auch Einstiege eingesetzt werden (s. Oberbegriffe finden, S. 42). Davon profitieren nicht nur die neu zugewanderten Schüler; insbesondere beim Schreiben komplexer Texte im Fachunterricht ist es auch für deutsche Lerner sinnvoll, mit Formulierungshilfen als Scaffold zu arbeiten (z. B. S. 17), die dann nach und nach in den aktiven Wortschatz übergehen.

Neu zugewanderte Schüler müssen lernen, selbstständig zu arbeiten und für diese Art von Unterricht sensibilisiert werden. Daher finden Sie in diesem Buch auch ein Kapitel mit einigen Unterrichtseinstiegen zum Methodenlernen.

Aynur Erdogan, Annegret Moormann, Christian Moormann

1 *Thaler, Engelbert* (2013): Englisch unterrichten. Cornelsen: Berlin.

Adjektiv-Rap

Niveau	ab A1
Stundenthema	Einführung Komparation: Mit Adjektiven rappen
Vorbereitung	Rap-Text, Folie/Komparation der Adjektive
Besonderer Nutzen	Aktiv-entdeckendes Lernen, Lernanfänger eignen sich erstes Regelwissen – Komparation der Adjektive – an, durch den Rhythmus des Sprechgesangs prägen sich die Adjektivformen ein, kreativer Umgang mit Grammatik

Möglicher Ablauf

- Sie beginnen mit dem Rappen eines selbstgeschriebenen Textes, der aus drei bis vier Adjektivkomparationen besteht. Anschließend legen Sie eine Folie mit dem Text auf und animieren die Klasse zum Mitrappen. Sie erwähnen, dass nicht Sie, sondern eine Lerngruppe diesen Rap erfunden haben/hat.
- Im nächsten Schritt fordern Sie die Klasse auf, einen Bauplan, Regelmäßigkeiten oder ein Muster zu erkennen, weil Sie nun auch einen eigenen mit dieser Lerngruppe verfassen wollen.
- Lassen Sie die Schülerinnen und Schüler Vermutungen formulieren und gefundene Auffälligkeiten auf der Folie markieren.
- Die Wortart Adjektiv sowie die wiederkehrenden Endungen der Komparation sollten wiedererkannt werden.
- Verschiedene Adjektive werden dann an der Tafel gesammelt, die das Wortmaterial für den Klassenrap bilden.
- Gemeinsam werden diverse Adjektive in die drei Vergleichsstufen gesetzt, wobei die Endungen farbig markiert werden.
- Gemeinsam formulieren Sie ein oder zwei Strophen (vier Zeilen) und lassen, wenn Zeit zur Verfügung steht, eigene Texte in einer anschließenden Gruppenarbeitsphase anfertigen.

Beispiel-Rap

Laut, lauter, am lautesten
bunt, bunter, am buntesten
wild, wilder, am wildesten
Keiner ist so cool wie wir!

Klein, kleiner, am kleinsten
groß, größer, am größten
schlau, schlauer, am schlausten/schlauesten (beide Formen sind richtig!)
Gemeinsam lernen wir hier!

- In den nächsten Stunden können die wenigen, unregelmäßigen Adjektivkomparationen eingeführt werden (Einbau in bestehende Rap-Texte 1).

Tipps	▪ Dieser Rap eignet sich als Einstieg in eine Einführungsstunde zum Thema Komparation/Adjektive. ▪ Auf „TeacherTube" finden Sie Raps zu vielen Themen. ▪ Lassen Sie im Vorfeld – in Partner- oder Gruppenarbeit – möglichst viele Adjektive sammeln. ▪ Nutzen Sie das Wortmaterial als zusätzlichen Wortspeicher für die eigene Text-/Rapproduktion und im Anschluss für andere kreative Schreibanlässe. ▪ Aufgeschrieben auf Karteikarten können die Adjektivkarten immer wieder in unterschiedlichen Themengebieten des Deutschunterrichtes (z. B. zur Personenbeschreibung) eingesetzt werden. ▪ Als Vorbereitung für den Rap profitieren Lernanfänger von Satzbeispielen, wie z. B.: *„Ich bi[n] fleißig, Max ist fleißiger, Hanin ist am fleißigsten."*
Varianten	▪ Rappen Sie mit unregelmäßigen Verben. ▪ Zur Differenzierung: Rappen Sie mit regelmäßigen Verben. ▪ Der Rap lässt sich auch im Fremdsprachenunterricht (Englisch) durchführen. ▪ Eine Übertragung der Idee auf andere Formate mit einem thematischen Bezug (Elfchen, Akrostichon) ist möglich. ▪ Nach dem Aufschreiben können Schüler ihren Rap aufnehmen und weiter mit einem Beat unterlegen. ▪ Fächerübergreifend kann im Musikunterricht eine passende musikalische/melodische Weiterarbeit der Texte erfolgen.

Stadt-Land-Fluss

Niveau	A2
Stundenthema	Wortschatz/Wortarten in einem Themenbereich reaktivieren
Vorbereitung	ABC Feld, 10-Cent-Stücke
Besonderer Nutzen	Themenbezogene Wortschatz- und Wortartenarbeit, Sätze bilden

Möglicher Ablauf

- Ähnlich wie bei dem bekannten Spiel „Stadt-Land-Fluss" sollen die Wortarten zu einem bestimmten Themenfeld möglichst schnell notiert werden.
- Jeder fertigt eine Tabelle mit vier Spalten an. In jede Spalte wird eine Wortart eingetragen. Die Wörter sollen passend zu einem zufällig gewählten Anfangsbuchstaben aufgeschrieben werden.
- Ein ABC-Feld kann jede Gruppe selbst herstellen, indem sie auf einem DIN-A3-Blatt willkürlich alle Buchstaben des Alphabets aufschreiben.
- Die Buchstaben sollten groß genug sein und möglichst nicht zu dicht an den nächsten Buchstaben platziert werden, so dass ein 10-Cent-Stück nur einen Buchstaben bedeckt.
- Die Auswahl des Anfangsbuchstabens erfolgt zufällig, indem jeder Lerner im Uhrzeigersinn mit geschlossenen Augen das 10-Cent-Stück auf dem ABC Spielplan platziert. Jeder Schüler wählt so je einmal einen Anfangsbuchstaben aus.
- Der Schüler, der als Erster alle Felder ausgefüllt hat, beendet die Schreibphase für alle. Dieser Zeitdruck steigert die Motivation und den Wettbewerbscharakter des Spiels.
- Nach Beendigung der Runden werden die Tabellen innerhalb der Gruppe getauscht, so dass jeder eine fremde Tabelle kontrolliert. Nun werden alle ausgefüllten Felder ausgezählt.
- Pro ausgefülltem Feld gibt es einen Punkt.
- Gewonnen hat derjenige, der die meisten Punkte hat.
- Zeitpuffer für schnelle Gruppen: Im Anschluss müssen die Schüler jedes Wort in einem selbstformulierten Satz ihrer Gruppe präsentieren oder ein bereits ausgefülltes Feld mit neuen Wörtern füllen. Hierfür gibt es dann je einen Extrapunkt mehr.

Tipps	▪ Schaffen Sie Differenzierung durch die Erweiterung der Tabelle mit weiteren Wortarten. ▪ Geben Sie Themenbereiche vor.
Varianten	▪ Fertigen Sie eine ABC-Wortartenliste in Gruppenarbeit an und lassen Sie diese im Plenum vervollständigen. ▪ Die Liste kann als Schreibgrundlage für Texte genutzt werden. ▪ Fordern Sie mündlich formulierte Sätze in schriftlicher Form ein, indem Sie dafür ein zusätzliches Feld/eine Zeile in die Tabelle einfügen.

Tempusspiel

Niveau	A2
Stundenthema	Würfelspiel mit Verben
Vorbereitung	Würfel, DIN-A3-Bögen, Aufgabenblatt auf Folie, Tafelbild
Besonderer Nutzen	Wiederholung und Festigung der Zeitformen

Möglicher Ablauf

- Sie bereiten eine Folie mit den Symbolen und den dazugehörigen Aufgaben vor und projizieren diese für alle sichtbar an die Wand.

Beispiel

- Stern: *Setze das Verb ins Präteritum. Rücke ein Feld vor.*
- Kreis: *Bilde einen Satz im Perfekt. Rücke zwei Felder vor.*
- Pfeil: *Suche zu deinem Verb ein Reimwort. Rücke ein Feld vor.*
- Herz: *Würfele noch einmal.*
- Blitz: *Setze dein Verb in das Futur I und rücke ein Feld vor.*
- Kreuz: *Erzähle eine kurze Geschichte, in der das Verb dreimal vorkommt. Rücke drei Felder vor.*
- Ausrufezeichen: *Setze eine Runde aus.*

- Sie beginnen die Stunde mit dem Auflegen der Folie und zeichnen ein Spielfeld an die Tafel. Start- und Zielfeld werden festgelegt. Die 24 Felder werden gemeinsam mit Verben ausgefüllt. Anschließend werden zehn beliebige Felder mit Symbolen aus der Folie versehen.
- Sie spielen das Spiel einige Male mit der Klasse durch.
- Die Schüler erhalten pro Gruppe einen DIN-A3-Bogen und einen Würfel. Die einzelnen Gruppen spielen und kontrollieren sich gegenseitig hinsichtlich der richtig gebildeten Zeitformen bzw. der zu bewältigenden Aufgaben.
- Die Schüler bereiten in ihrer Vierergruppe ein Spielfeld mit 24 Feldern vor, die sie dann mit jeweils einem Verb beschriften. Start- und Zielfeld legt die Gruppe fest. Zum Schluss darf jedes Gruppenmitglied zwei Symbole auf dem Spielplan platzieren.
- Im Uhrzeigersinn wird nun das Tempusspiel reihum gespielt. Sieger ist derjenige, der es als Erster ins Ziel schafft.

Tipps	▪ Eine Konjugationstabelle mit einer Übersicht über die Bildung der Zeiten kann als Hilfestellung ausgegeben werden.
Varianten	▪ Variieren Sie die Aufgaben je nach Leistungsstand Ihrer Lerngruppe. ▪ Die Gruppen können sich eigene Aufgaben ausdenken und in das Spiel integrieren.

Bewegungsspiel

Niveau	A2 und höher
Stundenthema	Unregelmäßige Verben
Vorbereitung	Text, Karten mit unregelmäßigen Verben
Besonderer Nutzen	Bewegungsspiel u. a. zur Gruppenbildung, Wiederholung und Festigung der Zeitformen

Möglicher Ablauf

- In der Vorbereitung schreiben Sie alle Verben des zu behandelnden Textes heraus und bilden je vier Zeitformen (Infinitiv, Präsens, Präteritum und Perfekt).
- Sie beginnen die Stunde, indem Sie der Klasse sagen, dass Sie ein ihnen bekanntes Spiel „Atom“ mit anderen Vorgaben spielen werden.
- Ein von Ihnen mitgebrachter Beutel wird herumgereicht.
- Jeder Schüler zieht aus dem Beutel eine Verbkarte.
- Alle laufen frei im Klassenraum herum. Sie beginnen mit dem Spiel und geben den ersten Arbeitsauftrag, der lautet: „Atom gegangen!“ Daraufhin rufen sich alle Lerner, die das Verb gehen haben, ihre Form zu und finden sich an einem Platz zusammen. Das „Atom“ ist vollständig, wenn alle vier Formen vertreten sind. Fehlt eine Form, muss das noch unvollständige „Atomteil“, durch Zuruf der fehlenden Form, sein letztes Mitglied finden. Sie führen das Spiel in der Form einige Male fort.
- Anschließend ändern Sie ihre Vorgabe, indem Sie nicht mehr einzelne Verben, sondern Zeiten angeben. Wenn Sie z. B. „Atom-Präteritum“ rufen, müssen sich alle, die diese Zeitform auf ihrer Karte haben, zusammenfinden. Dies geschieht ebenfalls durch Zuruf des Verbs. Zum Ende des Spiels variieren Sie Ihre Kommandos und steigern zusätzlich das Tempo, indem Sie die Anzahl der Kommandos in kürzeren, zeitlichen Abständen geben.
- Abschließen können Sie auf zwei Arten: Sie bitten alle „Atome“, sich zu finden und im Raum aufzustellen. Sie gehen herum, suchen sich eine Gruppe aus und fordern diese auf, sich mit einer weiteren Gruppe zusammenzuschließen. Die Gruppe sucht sich eine weitere Gruppe aus. Der Zusammenschluss kann jedoch nur erfolgen, wenn die Ausgangsgruppe alle vier Formen der Wunschgruppe aufsagen kann. Hierzu nennt ein Mitglied der Wunschgruppe nur den Infinitiv.

Tipps	▪ Sammeln Sie die Karten wieder ein. Diese können für weitere Übungsformen (Paare finden, Quartett, …) verwendet werden.
Varianten	▪ Teilen Sie die Verbkarten aus und lesen Sie den Text laut vor. Die Schüler sollen immer, wenn sie „ihr“ Verb hören – egal in welcher Zeitform –, aufstehen. Die Schüler unterbrechen also Ihr Vorlesen und sagen dann der Reihe nach, beginnend mit dem Infinitiv, alle Tempusformen auf.

Präfixe Verben

Niveau	ab A1
Stundenthema	Spiel mit um-, an-, auf- und ab-
Vorbereitung	Spielplan, Verbspeicherkarten oder Lernplakat mit trennbaren Verben
Besonderer Nutzen	Erkennen der Bedeutungsänderung der Verben, Wortformation, Wortschatzerweiterung, Satzklammern

Möglicher Ablauf

- Sie beginnen die Stunde mit dem Hochhalten der Verbkarte „fahren" und bitten die Schüler die Bewegung pantomimisch mit Ihnen zusammen auszuführen. Im nächsten Schritt verändern Sie das Verb, indem sie eine Vorsilbe, wie z. B. „ab", anhängen und so ein neues Verb entsteht. Sie führen nun wiederum die dazugehörige Bewegung aus und Ihre Schüler folgen Ihnen. Nach einigen Beispielen wird den Schülern die Bedeutungsänderung verdeutlicht. Sie erkennen, dass durch das Anhängen einer Vorsilbe sich das Verb in der eigentlichen Bedeutung verändert.
- Um weitere Beispiele zu finden, wird im Anschluss das Spiel, das dem Klassiker „Schiffe versenken" ähnelt, gespielt. Je zwei Schüler erhalten für die Partnerarbeit einen Spielplan mit Vorsilben (siehe Kopiervorlage). Das „Treffen" von eingezeichneten „Schiffchen" ist aber erst dann möglich, wenn mit der „getroffenen" Vorsilbe ein Verb gebildet wird. Als Hilfestellung für Lernanfänger können vorbereitete Verbkarten oder ein Verbplakat mit trennbaren Verben zur Verfügung gestellt werden.
- Am Ende des Spiels können Partner gefundene trennbare Verben pantomimisch darstellen, die von der Klasse erraten werden müssen.
- Zur Differenzierung für Fortgeschrittene kann der Arbeitsauftrag auf das Formulieren von Sätzen erweitert werden, wobei hier der Fokus auf der Satzklammer liegt. Die Schüler müssen erkennen, wo die Verbteile im Satz korrekt eingesetzt werden müssen. Das Präfix wird nicht verändert und wird in einem Hauptsatz immer ans Ende eines Satzes gestellt. Der zweite Teil des Verbs wird konjugiert (z. B. Verb „hinsetzen" → *Ich setze mich hin.*)

Tipps	▪ Wortformation: Neue Wörter entstehen durch das Anhängen von Präfixen. Lassen Sie die Schüler die neuen Wortbedeutungen erklären und ggf. korrigieren. ▪ Aussprachetraining: Der Wortakzent liegt bei trennbaren Verben auf der Vorsilbe. Üben Sie mit den Schülern. ▪ Im Präsens steht die Vorsilbe am Satzende (Satzklammer). ▪ Im Perfekt steht -ge- zwischen der Vorsilbe und dem Verb.
Varianten	▪ Verwenden Sie Suffixe von Nomen. ▪ Erweitern Sie die Übungen zur Wortformation.

Material

	A	B	C	D	
1	über-	ab-	auf-	vor-	**1**
2	dar-	weg-	zu-	ein-	**2**
3	her-	los-	an-	hin-	**3**
4	weiter-	nach-	mit-	aus-	**4**
	A	**B**	**C**	**D**	

Pronomen

Niveau	A2
Stundenthema	Personalpronomen erkennen
Vorbereitung	Sach-/Fachtexte oder kurze literarische Texte
Besonderer Nutzen	Bezüge der Pronomen zu den jeweils ersetzenden Wörtern sowie Formenvielfalt der Pronomen erkennen lernen, Verbesserung des Textverständnisses

Möglicher Ablauf

- Sie eröffnen die Stunde, indem Sie den Schülern mitteilen, dass sie heute ein kleines Gänseblümchen kennenlernen werden, das unglücklich mit seiner Farbe ist und sehr gerne an dem Farbenfest der Menschen teilnehmen möchte.
- In dieser Einführungsphase reaktivieren die Schüler ihren Wortschatz im Themenbereich Feste und Feiern, Gefühle, Anderssein sowie Blumenarten und formulieren bereits erste, individuelle Erwartungen an den Textinhalt.
- Im Anschluss daran halten Sie bereits genannte Nomen zum Themeninhalt an der Tafel fest und notieren die zugehörigen Pronomen daneben.

Beispiele

- *„Das Gänseblümchen ist weiß."* → *„Es wächst auf der Wiese."*
- *„Die Rose ist rot."* → *„Sie riecht gut."*

- Sie teilen die Texte aus und erklären kurz, dass sich im Text verschiedene Charaktere befinden und jeder Charakter eine ganz bestimmte Lieblingsfarbe hat, von denen die Schüler sich eine auswählen dürfen. Das kleine Gänseblümchen z. B. wäre lieber lila. Nomen und Pronomen eines Charakters sollen nun in derselben Farbe unterstrichen werden.
- Anschließend beginnt die eigentliche Lesephase. Die Schüler unterstreichen schon während des Lesens die Nomen und ihre Bezugswörter. Zum Schluss wird der bearbeitete Text im Plenum so vorgelesen, dass alle Pronomen durch ihre Bezugsnomen ersetzt werden.
- Die Schüler reflektieren im Nachgang, dass Pronomen unnötige Wiederholungen vermeiden und nehmen dieses Wissen als Tipp für eigene Textproduktionen mit.

Tipps

- Pronomen sollten nicht isoliert, sondern vor allem in Texten geübt werden. Farben und Pfeile unterstützen die Verfolgung der Pronomen.
- Der Text kann als Gesprächsanlass für aktuelle Schülerfragen (beliebt sein, Anderssein, Feste und Feiern usw.) genutzt werden.

Varianten

- Arbeiten Sie mit W-Fragen, um den Text zu erschließen.
- Die vorgeschlagene Strategie ist fächerübergreifend einsetz- und für alle Textsorten anwendbar.

Material

Sinem Damla Erdogan

Das traurige kleine Gänseblümchen, das nicht mehr weiß sein wollte

Es war einmal ein kleines Gänseblümchen, das die blauen Veilchen, die gelb blühenden Nelken und all die anderen bunten Blumen um sich herum sehr beneidete. Sie wurden von den Menschen in schönen Gärten bis zur Eröffnung des Farbenfestes gehegt und gepflegt. An diesem großen Tag wurden sie zu einem bunten Farbenpulver weiterverarbeitet, mit dem sich die Menschen schminkten und bewarfen.

Für Gänseblümchen war die Teilnahme an dem Fest nicht vorgesehen. Sie wuchsen kreuz und quer auf wilden Wiesen. Die Menschen beachteten die leuchtenden weißgelben Tupfer nicht einmal. Jedes Jahr schickte das traurige kleine Gänseblümchen seinen sehnlichsten Wunsch, an dem Fest teilnehmen zu wollen, an den Naturgott.

In einer Nacht weinte es so bitterlich, dass der Naturgott es hörte und auf der Wiese erschien. Feierlich verkündete er, dass sich jedes Gänseblümchen eine Farbe aussuchen dürfe. Das kleine Gänseblümchen wollte lila sein, also färbte er es lila. Alle anderen waren sehr aufgeregt und konnten sich nur schwer für eine Farbe entscheiden, doch mit der Zeit wurde die Wiese kunterbunt. „Endlich", rief das lila Gänseblümchen laut. „Endlich werden nun auch wir von den Menschen wahrgenommen werden und dürfen zum Fest!" Es jubelte und tanzte und war so froh.

Plötzlich, wie aus heiterem Himmel, fing es an zu regnen, zu blitzen und zu donnern und all die schönen bunten Farben wurden weggewaschen. Verängstigt schlossen alle Gänseblümchen ihre Blumenköpfchen. Nur das kleine Gänseblümchen richtete sich mutig auf und stellte den Naturgott zur Rede. „Warum sind wir weiß und die anderen Blumen alle so bunt?", fragte es. „Ich habe euch den Namen ‚Bellis', ‚die Schönen' gegeben", antwortete er. „Weiß ist die Summe aller Farben des Lichts und bedeutet Unendlichkeit. Ihr blüht von März bis November und erlebt täglich neue Abenteuer mit den Menschen. Manche flechten euch zu schönen Blumenkränzen und andere spielen das Spiel „Er liebt mich, er liebt mich nicht" mit euch.

Alle Gänseblümchen waren über diese Worte sehr erfreut und nickten zustimmend. Als das Fest am nächsten Tag begann, wurden ihre zarten Blüten von den herumgeworfenen Farbbällen ganz bunt. Sie kicherten und feierten fröhlich mit. Am nächsten Morgen wusch der Regen alle Farben wieder weg. Und so blühten die Gänseblümchen glücklich und stolz auch nach dem Fest weiter, bis sie verwelkten, um im nächsten Frühjahr, pünktlich zum Farbenfest, ihre weißen Köpfchen wieder auszustrecken.

Lesepuzzle

Niveau	B1
Stundenthema	Rezepte zusammensetzen
Vorbereitung	Realien/Back-Kochzutaten und Gegenstände, verschiedene Rezepte, Textstreifen, Fotos
Besonderer Nutzen	Sinnentnehmendes Lesen, Satz-Bild-Puzzle

Möglicher Ablauf

- Zu Beginn der Stunde berichten Sie den Schülern, dass Sie gestern leckere Plätzchen gebacken haben. Ihre Ausführungen visualisieren Sie mit Ihren mitgebrachten Bildern, die Sie beim Herstellen der Plätzchen gemacht haben.
- Alternativ können Sie sich bebilderte Backanleitungen aus dem Internet oder aus einem Backbuch besorgen.
- Es bietet sich an, eine PowerPoint anzufertigen, die gemeinsam im Unterricht angeschaut werden kann.
- Im Anschluss bereiten Sie einen Tisch mit vielen verschiedenen Zutaten sowie Back- und Kochutensilien vor, die Sie beim Plätzchenbacken gebraucht haben.
- Die Schüler benennen einige Zutaten sowie Gegenstände und überlegen sich Speisen, die man daraus herstellen kann.
- Unbekannte Zutaten und Gegenstände werden benannt und ggf. in Wörterbüchern nachgeschlagen.
- Im nächsten Schritt erhält jeder Schüler je einen Satz Textstreifen und Fotos, die zusammengesetzt ein Rezept ergeben. Die Aufgabe der Schüler ist es, im ersten Schritt herauszufinden, welches Foto zu welchem Lesetreifen passt. Zunächst werden alle Textstreifen erlesen und den passenden Fotos zugeordnet. Im Anschluss müssen die Text-/Bildzuordnungen in der richtigen Reihenfolge angeordnet werden, so dass die Umsetzung des Rezeptes gelingen kann.
- Als Selbstkontrolle bietet sich das Nummerieren der Rückseite der Lesestreifen und der Fotos an.

Tipps	▪ Zu Beginn eignen sich einfache Rezepte, die nicht gekocht oder gebacken werden müssen (Salate, Shakes usw.), die im Unterricht – ohne großen Aufwand – ausprobiert werden können. ▪ In Internet finden Sie eine Vielzahl an passenden Rezepten mit Beschreibungen und Bildern, die Sie im Unterricht einsetzen können.
Varianten	▪ Differenzierung für Fortgeschrittene sind Übungen zum Passivgebrauch wie – Passivsätze in Aktivsätze umformulieren lassen – eigene, traditionelle Rezepte mitbringen lassen – als Projekt ein internationales Kochbuch erstellen

Lesestrategien

Niveau	A2
Stundenthema	Das Lesen vor dem Lesen
Vorbereitung	Nonsense-Text
Besonderer Nutzen	Aufbau von (Fach-)texten kennenlernen, Vorwissen aktivieren

Möglicher Ablauf

- Vor allem im Fachunterricht kommen Lesetexte als Unterrichtseinstiege vor, um in das Stundenthema einzuführen. Um den Schülern zu zeigen, wie Fachtexte aufgebaut sind und welche Informationen man bereits vor dem Lesen des Textes herausfinden kann, lassen Sie den von Ihnen einzusetzenden Text in ein anderes – den Schülern unbekanntes Schriftsystem – durch ein kostenloses Internetprogramm (z. B. Google oder Prompt) – übersetzen. Fügen Sie dann auch einige Bilder, Tabellen, Diagramme usw. ein.
- Die Schüler sollen sich den Text anschauen. Ermuntern Sie sie, lediglich seinen Aufbau zu beschreiben. Die Arbeitsaufträge dazu könnten lauten:
  - *Aus wie vielen Absätzen besteht der Text?*
  - *Was siehst du auf den Bildern?*
  - *Wie ist die Tabelle oder das Diagramm aufgebaut?*
- Ermutigen Sie die Schüler, Hypothesen über den möglichen Textinhalt zu bilden.
- Lassen Sie die Schüler das Thema der bevorstehenden Stunde erraten und aktivieren Sie ihr Vorwissen, indem Sie z. B. fragen, was sie bereits über das Thema wissen.
- Anschließend können die gebildeten Hypothesen anhand des Originaltextes überprüft werden.
- Mögliche Anschlussaktivitäten für die Schüler sind:
  - *Eine Überschrift für das Rezept finden*
  - *Verben markieren und aufschreiben – je nach Rezept finden sich darin viele trennbare Verben vor*
  - *Zutaten und Arbeitsmaterialien mit Artikeln notieren*
  - *Satzanfänge wie* zuerst, als Erstes, danach, zuletzt, … *untereinander ins Heft setzen und als Gerüst für eigene Schreibversuche nutzen*
  - *Arbeitsanweisungen herausschreiben*

Tipps	Lernanfängern sollten Satzstrukturen zur Bild-/Textbeschreibung angeboten werden.
Varianten	Diese Übung ist fächerübergreifend einsetzbar.

Gemeinsam eine Geschichte nacherzählen

Niveau	A2
Stundenthema	Belletristische Inhaltsangabe
Vorbereitung	Hausaufgabe: Lesen eines epischen Textes
Besonderer Nutzen	Strukturierte Wiederholung des Inhaltes eines epischen Textes, Reaktivierung des Vorwissens

Möglicher Ablauf

- Geben Sie als Hausaufgabe auf, einen bestimmten Prosatext zu lesen. Das kann zum Beispiel das Kapitel eines Romans, ein Märchen oder sogar eine Ganzschrift sein.
- Rufen Sie mit dem folgenden Unterrichtseinstieg „Einleitung" allen Lernenden den Inhalt des Textes noch einmal ins Gedächtnis.
- Nutzen Sie diesen auch zur Überprüfung, ob die Hausaufgabe erledigt wurde.
- Sie beginnen und geben in einem Satz wieder, was zu Beginn der Geschichte passiert ist.
- Dann setzen die Schüler die Nacherzählung reihum fort, indem sie auch immer nur einen Satz sagen und den Text möglichst detailliert wiedergeben.
- Unterbrechen Sie, wenn ein Teilnehmer wichtige Inhalte überspringt oder einen Fehler macht.
- Bitten Sie daraufhin den Nachbarn um Korrektur.

Tipps	Dieser Einstieg eignet sich nur für motivierte fortgeschrittene Lerngruppen, die ihre Hausaufgaben gewissenhaft erledigen.
Varianten	Zur Vereinfachung können auch die wichtigsten Textelemente in Stichpunkten auf Schnipseln verteilt werden, um den Lernenden mehr Orientierung zu bieten.

Einleitung

Niveau	ab A2
Stundenthema	Einleitung formulieren, Texte vorstellen
Vorbereitung	Aktuelle Tageszeitungen, Textsortenwissen sowie Lesestrategien/Markieren vorher erarbeiten
Besonderer Nutzen	Sortierendes und selektierendes Lesen, Vorübung zur Erarbeitung einer Inhaltsangabe

Möglicher Ablauf

- In diesem Unterrichtseinstieg sollen die Schüler in Partnerarbeit jeweils einen Artikel bearbeiten, wobei der Fokus darauf liegt, möglichst kurz und knapp den Inhalt ihres Artikels den übrigen Klassenkameraden mitzuteilen.
  Sie bereiten als Fragenkatalog folgenden Tafelanschrieb vor:
  Einleitungssatz in einem Zeitungsartikel
  Titel, Textsorte, Thema, Autor, Erscheinungsdatum, Erscheinungsort
  Wer kommt vor? Was geschieht? Wo? Welche W-Fragen fallen euch noch ein?
- Visualisieren Sie auf einer Tafelhälfte die anstehenden Arbeitsschritte wie folgt:
  1. gemeinsames stilles Lesen; 2. Murmelphase/Austausch/Klärung von Verständnisfragen; 3. Arbeitsteilung: Vorleser und Markierer; 4. Beantwortung der Ausgangsfragen (Tafel); 5. Formulierung einer Einleitung; 6. mündliche Präsentation des Textinhaltes
- Sie verteilen jedem Gruppentisch aktuelle Tageszeitungen aus und bitten die Schüler, sich einen Artikel auszusuchen, dessen Überschrift sie interessant finden.
- Zu zweit treffen die Schüler eine Auswahl und beginnen im ersten Schritt den Zeitungsartikel gemeinsam zu lesen.
- Daran schließt sich eine kurze Murmelphase an, in der die Partner sich kurz über den Textinhalt austauschen und Verständnisfragen klären können.
- Ein Partner übernimmt im nächsten Schritt den Vorlesepart und der zuhörende Partner markiert im Text wichtige Stellen.
- Mit Hilfe des Fragenkatalogs werden auf einem gemeinsamen Arbeitsblatt die Antworten auf die Fragen stichpunktartig notiert. Weitere Fragen werden, wenn nötig, an den Text gestellt und ebenfalls beantwortet.
- Gemeinsam wird auf Grundlage dieser Vorarbeit eine schriftliche oder mündliche Einleitung zum Textinhalt formuliert, um sie anschließend der Klasse zu präsentieren.

Tipps	▪ Geben Sie Lernanfängern Formulierungshilfen vor.
Varianten	▪ Arbeiten Sie mit W-Fragen an der weiteren Texterschließung. ▪ Bei fortgeschrittenen Lernern kann auf das kleinschrittige Vorgehen verzichtet werden. Schreiben Sie die Fragen des Fragenkatalogs auf Hilfekärtchen, die von den Schülern genutzt werden können.

Parallelgeschichten

Niveau	A1
Stundenthema	Generatives Sprechen
Vorbereitung	Eine kurze Geschichte, ein Gedicht, ein kurzer Sachtext als Grundlage für diese Sprechübung
Besonderer Nutzen	Aussprachetraining, Memorieren von Wortschatz, im weiteren Verlauf auch Aufbau von Textkompetenz, impliziter Erwerb grammatischer Strukturen

Möglicher Ablauf

- Schülern wird mit dem OHP ein kurzer Text präsentiert. Sie lesen den Text ihrer Lerngruppe vor und die Schüler hören und folgen den Wörtern.
- Es folgt ein gemeinsames Erlesen des Textes. Beim nächsten Vorlesen fordern Sie freiwillige Schüler auf, den Text mitzusprechen. Im nächsten Schritt sprechen erst die Jungen oder nur die Mädchen mit, dann erst z. B. die Sitzgruppe am Fenster, so dass Sie möglichst einzelne Kleingruppen zum Mitsprechen animieren.
- Lernanfänger profitieren besonders bei einem Chorsprechen in der Kleingruppe.
- Je nach Leistungsstand können Sie auch zwischenzeitlich den Text abdecken. Die Schüler sprechen den gelernten Text dann aus dem Gedächtnis auf.
- Diesen Text wiederholen die Schüler zum wiederholten Mal, bis sie ihn auswendig gelernt haben.
- Durch das Wiederholen und Auswendiglernen schleifen sich die Satzmuster und Sprachstrukturen ein.
- Anschließend erhält jede Gruppe ein Arbeitsblatt mit dem zuvor gelernten Text.
- Nun folgt die systematische Substitution einzelner Elemente des Basistextes nach den Prinzipien des generativen Schreibens (vgl. *Belke* 2003).

Tipps	▪ Geben Sie den Schülern als Hausaufgabe weitere Variationsmöglichkeiten des Textes auf. Sie werden motiviert, die Aufgabe zu erledigen, da diese Art der schriftlichen Textbearbeitung, gerade auch für Lernanfänger, Erfolgserlebnisse in Aussicht stellt.
Varianten	▪ Bei der Arbeit mit kurzen Fachtexten im Chemie- und Physikunterricht bietet sich eine Sammlung von Mustertexten an (z. B. zur Versuchsbeschreibung). Häufig vorkommende fachsprachliche Strukturen werden wiederkehrend in unterschiedlichen, inhaltlichen Kontexten verwendet. ▪ Generatives Sprechen/Schreiben kann als Ausgangspunkt für Grammatikregeln mit einem ganz bestimmten Fokus (z. B. Kasusgebrauch) oder zur Wortschatzarbeit (Komposita) angewendet werden.

Lernwörterdiktat

Niveau	ab A1
Stundenthema	Schreiben lernen
Vorbereitung	Satzstreifen, Behälter
Besonderer Nutzen	Schulung des konzentrierten Lesens, Hörens und Aufschreibens, Trainieren von Aussprache und Abschreiben, Memorieren/Festigen von Wortschatz

Möglicher Ablauf

- Das Dosendiktat wird in Partnerarbeit durchgeführt. Das Zusammenstellen der Paare kann z. B. mit Hilfe eines Verabredungskalenders geschehen. Immer im Wechsel ist einer der Vorleser und einer der Schreiber.
- Jedes Paar erhält eine kleine Dose mit Satzstreifen, die zusammen einen kurzen Sachtext zum aktuellen Thema der Unterrichtseinheit ergeben.
- Der Vorleser zieht einen Satzstreifen aus der Dose und liest dem Schreiber den Satz vor. Er achtet auf seine Aussprache, sein Sprechtempo und seine Lautstärke.
- Beim zweiten Vorlesen soll nun der Schreiber den Satz aufschreiben.
- Je nach Leistungsstand des Schreibers diktiert der Vorleser Wort für Wort oder unterteilt den Satz in kurze Abschnitte, so dass der Schreiber die Möglichkeit erhält, die Wörter aufzuschreiben.
- Nachdem der Satz aufgeschrieben worden ist, findet ein Wechsel der Rollen statt. Bevor es in umgekehrter Rolle weitergeht, kontrollieren beide Schüler gemeinsam die Orthographie des abgeschriebenen Satzes und korrigieren ggf.
- Wenn sich keine Satzteile mehr in der Dose befinden, ist das Diktat beendet.
- Alternative/Differenzierung
  - Sätze ordnen: Zur Weiterarbeit können die Satzteile in die richtige Reihenfolge gebracht und von beiden Partnern als ganzen Text abgeschrieben werden.
  - Dies kann auch im Plenum geschehen, sofern alle Gruppen denselben Übungstext erhalten haben. Dazu legen Sie die Satzteile auf Folie auf und projizieren diese am OHP. Die Schüler setzen den Text gemeinsam zusammen, lesen den ganzen Text vor und übertragen ihn anschließend vollständig in ihr Heft.

Tipps	▪ Zur Differenzierung erhalten Lernanfänger nur einzelne Lernwörter anstatt ganzer Sätze im Dosendiktat. ▪ Fachwortschatz mit besonderer Orthographie ist fettgedruckt.
Varianten	▪ Es können alternative Diktatformen (z. B. Laufdiktat) gewählt werden. ▪ Setzen Sie Lernwörter oder Fachwortschatz ein.

Operatoren

Niveau	A2
Stundenthema	Operatoren: Was soll ich tun?
Vorbereitung	Kärtchen mit Operatoren
Besonderer Nutzen	Bedeutung der Operatoren sichern, deren Anwendung vorbereiten und festigen

Möglicher Ablauf

- Operatoren sind Teil der Bildungssprache, an die Lerner schrittweise herangeführt werden müssen, damit sie Arbeitsanweisungen richtig ausführen können. Als Erstes stehen die Schüler sich im Kreis paarweise gegenüber, so dass sie sich in einem Innen- und Außenkreis einander zugewandt sind. Jeder von ihnen hat sich im Vorfeld eine Operatorenkarte genommen.
- Sie als Lehrkraft geben das Startsignal, indem Sie die Frage stellen: „*Was soll ich tun?*“ Für die Beantwortung der Frage haben die Schüler eine Minute Zeit.
- In diesem Doppelkreis beginnen erst die Schüler aus dem Innenkreis ihrem Partner den Operator zu beschreiben und versuchen so, Ihre Ausgangsfrage für den jeweiligen Operator zu beantworten.

Beispiele

- *Aufzählen: Zähle die Zutaten auf! Ich soll alle Zutaten für den Kuchen benennen/aufsagen.*
- *Einsetzen: Setze die Wörter in die Lücken ein! Ich soll die Wörter in die Lücken schreiben.*
- *Auswählen: Ich soll sagen, welches ich haben will.*
- *Eintragen: Ich soll etwas in eine Liste oder Tabelle schreiben.*

- Die Aufgabe des Partners ist es, den gesuchten Operator zu benennen.
- Durch ein akustisches Signal, z. B. ein Klopfzeichen, kündigen Sie den Ablauf der Zeit an. Nun beschreiben die Partner aus dem Außenkreis ihrem Partner den Operator. Die Ausgangsfrage „*Was muss ich tun?*“ sollte möglichst oft gestellt werden.
- Die Schüler im Außenkreis wandern im Uhrzeigersinn zwei Plätze weiter und das Frage-Antwort-Spiel wird solange fortgesetzt, bis Sie es beenden oder die Schüler an ihrem Ausgangspunkt angekommen sind.

Tipps	▪ Auf den Karten können Hilfestellung für das Beschreiben stehen. ▪ Lassen Sie eine Operatorenliste anfertigen.
Varianten	▪ Erstellen Sie Wort-Bild-Karten zum Paarefinden oder für ein Dominospiel.

Zungenbrecher/Zaubersprüche

Niveau	A1
Stundenthema	Üben schwieriger Laute
Vorbereitung	Verschiedene Zungenbrecher, möglichst auch als Folie
Besonderer Nutzen	Umgang mit Fehlern, Aussprachetraining, Zischlaute, schwierige Konsonantenverbindungen

Möglicher Ablauf

- Bei der Arbeit mit Zungenbrechern, gekennzeichnet durch die konsequente Wiederholung eines Lautes oder einer Lautkombination, stellen sich Schüler einer besonders schwierigen sprechmotorischen Herausforderung: Sie beginnen die Unterrichtsstunde mit dem schnellen Aufsagen eines Ihnen bekannten Zungenbrechers. Machen Sie die Schüler auf den charakteristischen Aufbau der Zungenbrecher aufmerksam, indem Sie z. B. die Anlaute unterstreichen.
- Anschließend projizieren Sie den aufgesagten Zungenbrecher an die Wand und lesen ihn vor. Danach animieren Sie die Klasse zum gemeinsamen Mitsprechen in einem verlangsamten Tempo. Diesen Vorgang wiederholen Sie einige Male, indem das Sprechtempo stets gesteigert wird.
- Die Schüler erhalten zu zweit einen Zungenbrecher und üben das Aufsagen in Partnerarbeit. Im Wechsel üben die Schüler den Zungenbrecher und versuchen, immer schneller zu sprechen.
- Je nach Zusammensetzung der Lerngruppe können verschiedene Zungenbrecher mit einem bestimmten Lautfokus zum Einsatz kommen.
- Mit Lernern, die mit der deutschen Aussprache größere Probleme haben, können zunächst einfache, kurze Zungenbrecher geübt werden, die sich nur auf einen Laut beziehen.
- Fortgeschrittene Lerner erhalten längere Zungenbrecher mit Lautkombinationen.
- S, SCH und Z bereiten vielen Lernern Probleme.
- Nach einer fünfminütigen Übungsphase sagen die Partner ihre Zungenbrecher im Plenum auf.

Tipps	■ Eine Vielzahl von Zungenbrechern findet man auf diversen Grundschulmaterialseiten im Internet. ■ Gelernte Zungenbrecher können zur Auflockerung in den Folgestunden eingesetzt werden. ■ Das Lesen kann mit zusätzlichen Aufgaben erweitert werden wie: *„Lies ganz müde, sehr fröhlich, so schnell wie ein Sportler, …".*
Varianten	■ Die Schüler können sich selbst Zungenbrecher ausdenken. ■ Mehrsprachigkeit: Die Schüler bringen Zungenbrecher aus ihren Muttersprachen mit, tragen sie vor und lassen ihre Mitschüler nachsprechen.

Malditkat

Niveau	A1
Stundenthema	Wer? Was? Wo?
Vorbereitung	Bildvorlagen
Besonderer Nutzen	Anwenden lokaler Präpositionen bei der Versprachlichung von Bildern in Partnerarbeit, Sprache aktiv anwenden, themenbezogene sprachliche Kompetenzen erweitern

Möglicher Ablauf

- Aus einer Vielzahl von Bildern sucht sich jeder Schüler ein Bild aus, welches sich als Malvorlage eignet und bei dessen Beschreibung viele lokale Präpositionen *wie, auf, unter, vor, hinter, neben, in* usw. benutzt werden können.
- Die Lerner setzen sich Rücken an Rücken an ihren Platz. Einer beginnt und beschreibt, unter Verwendung der Lokalpräpositionen, seinem Nachbarn so genau wie möglich das ausgewählte Bild. Dieser zeichnet das Bild auf diese Beschreibung hin nach. Lernanfänger können sich an Formulierungshilfen, die im Klassenraum hängen sollten, orientieren.

Beispiele

- *Auf dem Bild sehe ich …*
- *Im Vorder- und Hintergrund, in der Mitte des Bildes gibt es … / befindet sich … / sind … dargestellt*
- *Lokalpräpositionen: vor, unter, neben, hinter, …*

- Sobald das Bild fertig beschrieben bzw. gezeichnet ist, wird das erstellte Bild mit der Vorlage verglichen.
- Anschließend werden die Rollen getauscht.

Tipps	▪ Bildergeschichten eignen sich besonders, wenn im Anschluss die komplette Geschichte aufgeschrieben werden soll. Jeder hat sich dann bereits mit einem Bild intensiv beschäftigt. ▪ Es können Ausschnitte aus Wimmelbüchern verwendet werden.
Varianten	▪ Fortgeschrittene Lerner können den Arbeitsauftrag/die Beschreibung notieren und so mit ihrem Partner eine Lese-Mal-Übung durchführen. ▪ Dieser Einstieg kann auch bei einem bestimmten Thema angewendet werden, z. B. beim Einkaufen, als Frage-Antwort-Spiel. Dabei muss der Zeichner durch W-Fragen an die Informationen auf dem Bild gelangen.

Es war einmal …

Niveau	A2
Stundenthema	Märchenstunde
Vorbereitung	Wortbildkarten, rote Schnur
Besonderer Nutzen	Freies Sprechen mit einem Erzählgerüst

Möglicher Ablauf

- Märchenmerkmale sollten bekannt sein. Beginn und Ende eines Märchens sollten als Tafelbild zu Beginn der Stunde gemeinsam mit der Klasse erarbeitet und weitere Märchenmerkmale mündlich gesammelt werden.
- Jede Vierergruppe erhält einen anderen Satz aus acht bis zehn Karten, und eine lange rote Schnur, die als Strukturierungshilfe und Erzählgerüst dient. Auf sie werden die Karten in eine für die Gruppe geeignete „märchentaugliche" Reihenfolge angeordnet.
- Die Wortbildkarten dienen später als Erzählimpulse, um den Fortgang der Geschichte zu entwickeln. Ein Märchen besteht aus einer Sammlung von Wörtern wie *märchenhafte Wesen, Verben, verwunschene Orte, herausfordernde Abenteuer und Aufgaben, magische Gegenstände, besondere Zahlen.*
- Jeder Schüler zieht eine Karte. Bei Bedarf können die weiteren Karten als „Joker" dienen und somit mit in das zu erzählende Märchen eingepflegt werden.
- Die Schnur wird in die Mitte des Tisches gelegt.
- Der Zeitwächter kündigt die zweiminütige Einzelarbeit an.
- Alle Lerner bekommen nun Zeit, sich zu überlegen und Notizen anzufertigen, an welcher Stelle und mit welcher Intention ihr Bild in dem Märchen vorkommen könnte.
- Nach Ablauf der Zeit legen alle Lerner ihre Karten auf die Schnur und es folgt eine kurze Murmelphase. Die Gruppe beschließt eine Reihenfolge.
- Jeder Lerner erzählt zwei bis drei Sätze zu seinem Bild und beachtet dabei, was zuvor gesagt wurde. So setzen alle Gruppen ihr eigenes Märchen zusammen.
- Im Museumsgang präsentieren sie die Märchen den übrigen Gruppen.

Tipps	▪ Lassen Sie das Märchen verschriftlichen. ▪ Die Schüler können das Märchen in einem Rollenspiel vortragen.
Varianten	▪ Dieser Einstieg eignet sich, mit entsprechendem Kartenmaterial, auch als Grusel- oder Kriminalgeschichte.

Mailbox-Nachricht

Niveau	B1
Stundenthema	Eine Nachricht auf einem Anrufbeantworter/einer Mailbox abhören
Vorbereitung	Smartphone, Aufzeichnen einer zum Thema passenden Sprachnachricht
Besonderer Nutzen	In Alltagssituationen Hörstrategien anwenden lernen

Möglicher Ablauf

- Zur Vorbereitung zeichnen Sie mit Hilfe der Rekorder-Funktion Ihres Smartphones eine zu Ihrer Reihe thematisch passende Sprachnachricht auf. Beim Thema Familie/Einkaufen kann zum Beispiel eine Mutter ihren Sohn anrufen, um ihn zu informieren, dass sie länger arbeiten muss, und um ihn zu bitten, verschiedene Dinge einzukaufen; beim Thema Freundschaft könnte ein Mädchen ihre Freundin anrufen, um einen Termin zu verabreden.
- Zeigen Sie den Schülern ein Smartphone und fragen Sie, welche Funktionen das Gerät hat. Mögliche Antworten sind beispielsweise *Spielen, Nachrichten schreiben, Musik hören*, aber sicher auch *telefonieren* bzw. *Sprachnachrichten senden* (z. B. über WhatsApp oder die Mailbox).
- Für den Einstieg genügt es zunächst, das Globalverstehen zu überprüfen. Geben Sie den Schülern den Hinweis, dass es nicht darauf ankommt, jedes einzelne Wort zu verstehen, sondern dass sie die Nachricht als Ganzes erfassen sollen. Spielen Sie die Nachricht einmal ab, ohne dass sich die Lernenden Notizen machen, und sichern Sie die Ergebnisse. In der Erarbeitungsphase kann mit der Nachricht weitergearbeitet werden, indem Sie anhand eines Arbeitsblattes Detailverstehen abfragen. Betten Sie dabei das erneute Hören in den Kontext ein: Beim Empfang einer Sprachnachricht muss man sie oft erneut hören, um z. B. Telefonnummern, Einkaufslisten oder genaue Terminangaben aufzuschreiben.

Tipps	▪ Als zusätzlicher visueller Impuls kann eine Folie aufgelegt werden, die einen WhatsApp- oder Mailbox-Nachrichtenverlauf mit Sprachnachrichten zeigt. ▪ Die meisten CD-Player lassen sich problemlos über ein Audiokabel mit dem Smartphone verbinden und können so als Verstärker genutzt werden.
Varianten	▪ Das Einspielen von Hintergrundgeräuschen (Nehmen Sie z. B. Ihre Nachricht in der Pause auf dem Schulhof auf!) erschwert die Aufgabe. ▪ Durch Reduktion der Sprech- oder Abspielgeschwindigkeit lässt sich der Einstieg vereinfachen. ▪ Umgekehrt kann eine Mailbox-Ansage ein sinnvoller Einstieg sein, wenn geübt werden soll, selbst möglichst frei eine Nachricht zu hinterlassen.

Ohrwurm

Niveau	B1 und höher
Stundenthema	Metaphern und rhetorische Mittel in der Alltagssprache erkennen und entschlüsseln
Vorbereitung	Lied „Lieblingsmensch" von Namika
Besonderer Nutzen	Einen Hörtext lexikalisch vorentlasten, Strategien entwickeln lernen, um anhand eines Liedes komplexe Komposita zu entschlüsseln

Möglicher Ablauf

- Schreiben Sie zunächst das Wort „Ohrwurm" an die Tafel und fragen Sie nach dessen Bedeutung. Das Wort ist deshalb geeignet, da es nicht sehr gängig und wahrscheinlich unbekannt ist. Außerdem lässt es sich aufgrund seiner metaphorischen Bedeutung auch von fortgeschrittenen Schülern nicht ohne Überlegung entschlüsseln. So wird in diesem ersten Schritt im Sinne eines problemorientierten Unterrichts dafür sensibilisiert, dass bei längeren zusammengesetzten Wörtern ggf. Verständnisprobleme auftreten.
- Zerlegen Sie das Wort anschließend in seine Einzelteile, indem Sie es an die Tafel schreiben. Geben Sie den Schülern folgenden Arbeitsauftrag: *Schlagt die beiden Wörter im Wörterbuch nach und malt ein Bild, das das Wort erklärt.*
- Anschließend werden die Bilder der Klasse präsentiert und gemeinsam überlegt, in welchem Kontext das Wort verwendet wird. Dabei wird bereits die Wechselbeziehung der Elemente deutlich.
- Im weiteren Verlauf der Stunde können Sie anhand des Liedes „Lieblingsmensch" weitere Komposita erarbeiten lassen und dabei die Regeln der Wortbildung erläutern.

Tipps	▪ Zur Einführung der Kompositaregeln eignen sich zunächst Wörter, die sich auch optisch erschließen lassen, um die Wechselbeziehung zwischen den Elementen zu verdeutlichen.
Varianten	▪ Alternativ kann im Anschluss auch mit einem anderen Lied weitergearbeitet werden, das mehrere Komposita enthält. ▪ Statt des Wortes kann auch ein Bild eines Wurms im Ohr als Einstieg verwendet werden. Dann müssten Schüler umgekehrt die Einzelwörter des Kompositums erkennen und den Sinn herleiten.

Stille Post

Niveau	A2
Stundenthema	Wiederholung von lautähnlichen Wörtern oder grammatischen Formen
Vorbereitung	Einführung lautähnlicher grammatischer Formen oder Wörter, ggf. Material zur Durchführung passender Aktivitäten (s. Varianten)
Besonderer Nutzen	Sensibilisierung für bedeutungsunterscheidende Laute durch genaues Hören

Möglicher Ablauf

- Die Lerner spielen Stille Post in einem Stuhlkreis. Traditionell gelten bei diesem Spiel folgende Regeln: Der erste Schüler denkt sich einen Satz aus und flüstert ihn seinem Nachbarn ins Ohr. Dieser gibt den Satz flüsternd weiter, bis der letzte Spieler ihn laut ausspricht. Die Gruppe gewinnt, wenn der Satz noch genau so lautet wie zu Beginn des Spiels.
- Das Spiel wird abgewandelt, um die Schüler dafür zu sensibilisieren, dass beispielsweise unterschiedliche Endungen im Deutschen die Bedeutung verändern und deshalb richtig zu verwenden sind. Das Spiel bietet sich beispielsweise für die Wiederholung der Differenzierung lokaler Präpositionen mit Akkusativ oder Dativ an.
- Die Lehrperson bereitet lokale Präpositionen mit Dativ oder Akkusativ als Sätze auf Karten vor bzw. lässt die Schüler solche Karten erstellen.

Beispiele

- *Der Stift liegt auf dem Tisch.*
- *Er legt den Stift auf den Tisch.*

- Die Sätze werden nun dem beginnenden Schüler vorgelegt und durch Stille Post weitergegeben. Der Lehrer achtet darauf, dass der Satz korrekt artikuliert wird.
- Im obigen Beispiel gilt es nicht nur, die Präpositionen richtig auszusprechen (Grammatik), sondern auch die verwandten, aber doch bedeutungsunterscheidenden Verben deutlich voneinander abzugrenzen (Lexikon).

Tipps	Wenn die Schüler eigene Sätze bilden, sollten Sie die Zettel einsammeln, um zu überprüfen, ob das Endergebnis tatsächlich richtig ist.
Varianten	Zur visuellen Unterstützung kann eine entsprechende Aktion durchgeführt werden, z. B. kann beim Satz *„Er legt den Stift auf den Tisch"* tatsächlich ein Stift hingelegt werden oder beim Satz *„Der Stift liegt auf dem Tisch"* auf einen entsprechenden Gegenstand gezeigt werden.

Hörbingo

Niveau	A1
Stundenthema	Einen komplexen Hörtext in Ansätzen verstehen und mit Auszügen daraus weiterarbeiten
Vorbereitung	Anspruchsvoller Hörtext über dem Sprachniveau der Klasse, z. B. ein Lied
Besonderer Nutzen	Konzentration auf bestimmte Wörter, die in den Kontext passen, Verstehenlernen von Geprächsfetzen

Möglicher Ablauf

- Schreiben Sie eine Auswahl an Schlüsselwörtern aus dem Hörtext an die Tafel und klären Sie durch Paraphrasieren oder Nachschlagen in Wörterbüchern ihre Bedeutung.
- Verteilen Sie je nach Wortanzahl Bingo-Zettel im Format 3 × 3 oder 4 × 4. Die Schüler ordnen die Begriffe beliebig auf ihren Bingo-Zetteln an. Dann wird der Hörtext vorgespielt. Wenn die Lernenden eines ihrer Wörter hören, umkreisen sie es. Wer zuerst drei Wörter in einer Reihe hat, ruft „Stopp".
- Nachdem der Text komplett gehört wurde, kann gemeinsam überlegt werden, worum es eigentlich geht. Im weiteren Verlauf der Stunde kann mit Textausschnitten weitergearbeitet werden.

Tipps	▪ Für die Weiterarbeit eignen sich bei Liedern oftmals die thematisch zentralen und eingängigen Refrains.
Varianten	▪ Lassen Sie fortgeschrittene Schüler gezielt auf ganze Sätze hören.

Material

Hörbingo zum Lied „Astronaut" von *Sido* ft. *Andreas Bourani*

Astronaut	dunkel	heb ab
Welt	Nacht	geflogen
Menschlichkeit	von oben	Boden

Geographiespiel

Niveau	A1 und höher
Stundenthema	Lage der deutschsprachigen Städte
Vorbereitung	Landkarten, laminierte Städtekarten und Spielfiguren oder Haftstreifen
Besonderer Nutzen	Auswendiglernen der wichtigsten deutschsprachigen Städte

Möglicher Ablauf

- In den vorherigen Stunden führen Sie ein, wo sich wichtige Städte in Deutschland befinden. Dann geben Sie den Schülern die Hausaufgabe, sich die wichtigsten Orte einzuprägen.
- In der aktuellen Stunde erhalten die Lernenden nun paarweise eine Landkarte, je drei Spielfiguren oder Haftstreifen sowie vier bis sechs Karten mit einer ungeraden Anzahl an Städtenamen.
- Geben Sie eine bestimmte Zeit (z. B. fünf Minuten), in der die Schüler gegeneinander spielen.
- Ziel des Spiels ist es, möglichst viele der auf der ersten Karte markierten Städte zu finden und mit der eigenen Farbe zu markieren.
- Wer nach Ablauf der Zeit die meisten Städte gefunden hat, gewinnt das Spiel und bekommt die Karte. Wer am Ende die meisten Karten hat, ist der Sieger.
- Der Einstieg kann insbesondere zur Wiederholung genutzt werden.

Tipps	▪ Große Deutschlandkarten sind zum Beispiel kostenlos bei der Bundeszentrale für politische Bildung erhältlich oder in großen Supermarktketten zu Beginn des Schuljahres. Die meisten DaZ-Lehrwerke beinhalten außerdem Deutschlandkarten im Einband.
Varianten	▪ Nicht nur Städte, sondern auch Flüsse, Bundesländer oder die Staaten der EU können auf diese Weise lokalisiert werden.

Material

Berlin Stuttgart Augsburg Essen Schwerin	Hamburg Nürnberg Heidelberg Dortmund Potsdam
Bremen Leipzig Freiburg Paderborn Kiel	München Hannover Ulm Bonn Flensburg
Köln Frankfurt Mannheim Münster Bielefeld	Düsseldorf Dresden Karlsruhe Würzburg Rostock
Wien Salzburg Innsbruck Graz Linz	Basel Bern Luzern Zürich Genf

Achtung Vorfahrt!

Niveau	ab A1
Stundenthema	Verkehrszeichen erkennen und im Straßenverkehr richtig reagieren
Vorbereitung	Straßenkarte als Folie und Spielfiguren
Besonderer Nutzen	Konfrontation mit Unsicherheiten bezüglich der Vorfahrtsregeln, Vertrautmachen mit den Vorfahrtsregeln und weiteren Verkehrsregeln in Deutschland

Möglicher Ablauf

- In Vorbereitungsklassen sind häufig auch neu zugewanderte Kinder bzw. Jugendliche, die aus Regionen mit wenig Verkehr oder einem anderen Verständnis von Verkehrsregeln stammen. Im Interesse aller ist es daher wichtig, sie auf den deutschen Straßenverkehr vorzubereiten und ihnen die Straßenverkehrsordnung näherzubringen, die schließlich nicht nur für Autofahrer, sondern auch für Fußgänger und insbesondere Fahrradfahrer gilt.
- Der folgende Einstieg zeigt vier verschiedene Vorfahrtssituationen auf. Legen Sie die Folie auf und markieren Sie zwei Verkehrsteilnehmer durch Spielfiguren. Bitten Sie zwei Schüler nach vorne. Sie sollen so „losfahren", wie es ihrer Meinung nach die Regeln gebieten.
- Im Anschluss werden die Regeln und ggf. auch Regelverstöße reflektiert. Im weiteren Verlauf der Stunde sollten weitere Teile der Straßenverkehrsordnung eingeführt werden. Dazu bieten sich zum Beispiel auch Theoriebögen aus der Fahrschule an.

Tipps	▪ Die Stunde sollte durch einen Unterrichtsgang begleitet werden, bei dem die Schüler ihr in der Stunde erarbeitetes Wissen anwenden sollen. ▪ Achten Sie im Verlauf der Stunde darauf, deutlich zu machen, dass die Regelungen nicht nur für Autofahrer, sondern auch für alle anderen Verkehrsteilnehmer gelten.
Varianten	▪ In einer Wiederholungsstunde kann die Folie auch für Schülerpaare laminiert werden, die dann eigenständig verschiedene Situationen ausprobieren.

Material

Vorfahrtsschild: © Fotolia/made_by_nana; übrige Verkehrszeichen: © Fotolia/reeel

Yousef · Unterrichtseinstiege DaZ/DaF · 9783589161874

Objekt aus dem eigenen Land

Niveau	A2 und höher
Stundenthema	Begegnung mit Eigenheiten der deutschen Kultur am Beispiel von kulturtypischen Gegenständen
Vorbereitung	Als Beispiel einen typisch deutschen Gegenstand/ein Bild eines typisch deutschen Objekts (s. u.)
Besonderer Nutzen	Ausgehend von Beispielen aus der eigenen Kultur deutsche Eigenheiten entdecken, Anknüpfen an die Lebenswelt (Heimatland sowie Deutschland) der Schüler

Möglicher Ablauf

- Als Hausaufgabe geben Sie den Lernenden auf, einen Gegenstand oder ein Bild von einem Gegenstand mitzubringen, den sie aus ihrer Heimat kennen, der oder das aber in Deutschland eher nicht gebräuchlich ist oder in ihrer Heimat anders verwendet wird als hier.
- Dies bereiten Sie möglichst noch in der vorherigen Stunde vor, beispielsweise durch *ein Bild eines amerikanischen Wohnmobils oder Riesentrucks, eine kleine Teetasse oder eine Teekanne aus dem arabischen Raum.*
- Vorbereitend sollte am Ende der vorherigen Stunden auch transparent werden, welche Aufgabe in der Folgestunde zu dem Gegenstand bzw. Bild gestellt wird, indem Sie Ihr Objekt und seine unterschiedlichen Funktionen in verschiedenen Kulturen erläutern.
- Zu Beginn der Stunde wird ein Stuhlkreis gebildet und die Lernenden nehmen mit ihrem Gegenstand/dem Bild ihres Objekts Platz. Zur Wiederholung und Reaktivierung der Aufgabenstellung zeigen Sie nun nochmal Ihren Gegenstand. Die Schüler erläutern, warum die Mitbringsel nicht typisch deutsch sind und wie sie kulturspezifisch eingesetzt werden.
- Anschließend zeigen mehrere Kursteilnehmer ihre Objekte, erklären sie aber zunächst nicht selbst. Die anderen Schüler nutzen moderiert den Sprechanlass, um darüber zu mutmaßen, warum der Lerner diese Auswahl traf, um die unterschiedliche Verwendung in unterschiedlichen Kulturen zu diskutieren sowie zu reflektieren, ob sich daraus Besonderheiten der deutschen Kultur ableiten lassen.
- Nach dieser Einstiegsphase sind die Schüler dafür sensibilisiert, dass kulturelle Unterschiede bereits im Kleinen beginnen. Sie haben nun schon ansatzweise reflektiert, dass durch kulturelle Heterogenität ein Gefühl von Identität entsteht, sich aber auch interkulturelle Missverständnisse ergeben können. Im weiteren Verlauf der Stunde sollte das Thema vertiefend aufgegriffen werden, indem beispielsweise ein Zeitungsartikel über unterschiedliche Traditionen gelesen wird.
- Ausgehend von den mitgebrachten Gegenständen können Dialoge geschrieben werden, die zunächst die Existenz unterschiedlicher kultureller Gegebenheiten, aber auch Möglichkeiten des Umgangs damit thematisieren.

Tipps	▪ Als weiteres Beispiel bietet sich das Bild eines Zebrastreifens an, da er z. B. in südlicheren europäischen Ländern von Autofahrern eher als Empfehlung und nicht als feststehende Verkehrsregel interpretiert wird.
Varianten	▪ Vor der Besprechung im Plenum kann bei schwächeren Lerngruppen eine Murmelphase mit dem Nachbarn eingeschoben werden. ▪ Ebenfalls denkbar wäre es, die Gegenstandsuche in Partner- oder Gruppenarbeit zu gestalten, wenn mehrere Kursteilnehmer aus demselben Land kommen. ▪ Die Objektsuche funktioniert auch umgekehrt mit Dingen, die in Deutschland anders verwendet werden als im Heimatland. So werden insbesondere die interkulturellen Erfahrungen der immigrierten Schüler in Deutschland aufgegriffen. ▪ Diese Variante eignet sich auch als Transfer.

Material

Kultur mit allen Sinnen erfahren

Niveau	ab A2
Stundenthema	Kultur als facettenreiches Konstrukt begreifen
Vorbereitung	Decke, Teetasse, Teeglas, Bilder von Schmuck, verschiedene Parfums, verschiedene Süßigkeiten, Karten mit Deutschlandflagge
Besonderer Nutzen	Kulturelle Unterschiede mit allen Sinnen erfahrbar machen

Möglicher Ablauf

- Interkulturelle Kompetenz zu erlangen bedeutet nicht, dass die Lernenden die deutsche Kultur komplett übernehmen. Vielmehr sollen sie befähigt werden, kulturelle Unterschiede zu reflektieren. Dazu gehört es auch zu verstehen, dass Kultur auf allen Ebenen des Alltags stattfindet und eben nicht nur Aspekte wie Geschichte, Institutionen, Persönlichkeiten, Kunst und Literatur umfasst. Interkulturelle Erfahrungen sind höchst individuell, weil Kultur mehr beinhaltet als nur Gemeinsamkeiten innerhalb einer Volksgruppe. Bei diesem Einstieg geht es darum, die Vielschichtigkeit von Kultur mit allen Sinnen zu erfahren und zu begreifen. Bereiten Sie folgende Stationen vor:
  - Platzieren Sie eine deutsche Teetasse und ein arabisches Teeglas auf einem Tisch und bedecken Sie sie mit einer Decke.
  - Legen Sie zwei Bilder von Schmuck auf den OHP, z. B. eine deutsche Perlenkette und indischen Perlenhaarschmuck.
  - Sprühen Sie ein orientalisches Herrenparfum und ein deutsches Aftershave auf zwei Kissen oder Tücher.
  - Stellen Sie Schalen mit Keksen aus verschiedenen Kulturen bereit (z. B. Doppelkekse und Baklava).
- Die Schüler erhalten je eine Karte mit einer Deutschlandflagge und den Arbeitsauftrag „*Findet die deutsche Kultur*“. Sie gehen im Raum herum, tasten, sehen, riechen und schmecken unterschiedliche Kulturen und kennzeichnen die deutsche Kultur durch Ablegen ihrer Karte.
- Reflektieren Sie anschließend mit Ihren Schülern die Sinneseindrücke.

Tipps	■ Stellen Sie den Schülern passendes Material aus unterschiedlichen Kulturen bereit.
Varianten	■ Fragen Sie die Schüler nach ihren eigenen Erfahrungen und lassen Sie sie eigene Gegenstände, Bilder, Gerüche und Geschmäcker mitbringen. ■ Für die haptische Erfahrung kann statt einer Decke auch ein Schuhkarton verwendet werden.

Kulturelle Normen zuordnen – Pantomime

Niveau	A1 und höher
Stundenthema	Kulturspezifische Besonderheiten entdecken
Vorbereitung	Die doppelten Teile ausschneiden und laminieren
Besonderer Nutzen	Fördern eines sensiblen Umgangs mit kulturspezifischer Heterogenität

Möglicher Ablauf

- Die Schüler bilden stehend einen großen Kreis. Etwa die Hälfte von ihnen zieht Spielkarten mit kulturspezifischen Aktivitäten und setzt sich in einem Raster angeordnet auf den Boden. Sie repräsentieren nun die verdeckte Karte der beiden Teile, die zusammenpassen.
- Die verbleibenden Schüler beginnen zu spielen. Wenn sie den Namen eines auf dem Boden sitzenden Lernenden aufrufen, steht dieser auf und beginnt, seine Aktivität auszuführen. Dabei darf er mit den Umstehenden interagieren. Immer wenn sich ein zusammengehöriges Paar findet und somit die „aufgedeckt“ wurde, diskutieren die Lerner,
  - worin der kulturspezifische Unterschied besteht,
  - welchen Kulturen die unterschiedlichen Aktivitäten jeweils zugeordnet werden können,
  - welche kulturelle Norm in Deutschland verbreitet ist.
- Im weiteren Verlauf der Stunde können in einem Brainstorming alternative Situationen gesammelt und in Rollenspielen umgesetzt werden.

Tipps	▪ Achtung: Nicht alle Karten eignen sich schon für A1-Lerner! ▪ Für schwächere Lerngruppen sollte eine längere Vorbereitungszeit eingeplant bzw. Wörterbücher zur Verfügung gestellt werden.
Varianten	▪ Die Situationen können statt der Pantomime auch gezeichnet und dann an der Tafel zugeordnet werden. ▪ Das Pantomime-Spiel kann nach Belieben erweitert und in ähnlicher Form auch im Bereich der Wortschatzarbeit eingesetzt werden.

Material

essen und dabei auf dem Boden sitzen	essen und dabei an einem Tisch sitzen
sich mit zwei Küsschen begrüßen	sich die Hand geben
mit gefalteten Händen beten	mit einer Verbeugung beten
miteinander sprechen und dabei 30 cm voneinander entfernt stehen	miteinander sprechen und dabei 1 m voneinander entfernt stehen
die Frage „Wie geht es dir?“ stellen und am Ende mit der Stimme nach oben gehen	die Frage „Wie geht es dir?“ stellen und am Ende mit der Stimme nach unten gehen
„Ja“ sagen und dabei mit dem Kopf schütteln	„Ja“ sagen und dabei mit dem Kopf nicken

Reden im Alltag

Niveau	A1 und höher
Stundenthema	Redemittel zu Alltagssituationen sortieren
Vorbereitung	Schnipsel der Kopiervorlage
Besonderer Nutzen	Einüben des richtigen Einsatzes von Redemitteln anhand von Rollenspielen

Möglicher Ablauf

- Auch der Alltag ist kulturell stark geprägt von möglichen Missverständnissen. Daher ist es wichtig, vor allem die kulturellen Gepflogenheiten (z. B. Trinkgeld geben) mit auswendig gelernten Redemitteln anhand von Rollenspielen einzuüben.
- Führen Sie die gewünschte Alltagssituation in der vorherigen Stunde ein und lassen Sie als Hausaufgabe Vokabeln lernen.
- Schneiden Sie die Dialoge für einen Besuch im Schreibwarenladen oder im Restaurant (siehe Material) in Schnipsel und verteilen Sie je ein bis zwei Redemittel-Schnipsel an alle Schüler.
- Achten Sie darauf, dass das Lehrwerk geschlossen ist und die Teilnehmer ihren Schnipsel niemandem zeigen.
- Der Lernende mit dem START-Schnipsel beginnt.
- Dann wird der Dialog fortgeführt, indem immer der passende nächste Satz vorgelesen wird. Dabei wird ohne Meldung frei in die Klasse gesprochen.
- Sie greifen nur ein, wenn ein Schnipsel an der falschen Stelle verwendet wurde.

Tipps	▪ Gehen Sie während des Einstiegs herum und sammeln Sie benutzte Schnipsel ein, damit sie nicht mehrfach verwendet werden. ▪ Dieser Einstieg eignet sich besonders zur Wiederholung.
Varianten	▪ Übernehmen und erweitern Sie bekannte Dialoge aus dem von Ihnen verwendeten Lehrwerk.

Material

Im Schreibwarenladen

START: Guten Tag!

Hallo, was möchtest du?

Ich hätte gerne einen Spitzer.

Wir haben leider keinen Spitzer. Möchtest du noch etwas anderes?

Ja, ich hätte dann gerne einen Kuli und ein Lineal.

Hier sind ein Kuli und ein Lineal.

Was kostet das?

Der Kuli kostet 2,50 Euro und das Lineal kostet 1,40 Euro. Noch etwas?

Nein, das ist alles.

Das macht zusammen 3,90 Euro. Hast du es passend?

Nein, hier sind fünf Euro.

Danke. Und 1,10 Euro zurück.

Danke auch.

Einen schönen Tag noch.

Tschüss. Danke, Ihnen auch!

Einen Moment noch! Du hast dein Wechselgeld vergessen.

Oh nein! Danke. Auf Wiedersehen.

Auf Wiedersehen.

Im Restaurant

START: Guten Tag!

Hallo!

Hier ist die Speisekarte. Kann ich Ihnen schon etwas zu trinken bringen?

Ich schau noch kurz in die Karte. Einen Moment bitte.

Dann komme ich gleich nochmal wieder.

Danke. Bis gleich.

Haben Sie sich entschieden?

Ja, ich hätte gerne eine Cola und ein Wiener Schnitzel mit Pommes.

Kommt auf die Pommes etwas drauf?

Ja, ich hätte gerne Ketchup.

Möchten Sie auch einen Salat dazu?

Nein, danke.

Alles klar. Ein Wiener Schnitzel mit Ketchup und eine Cola. Kommt sofort!

Bitte schön: Eine Cola und ein Wiener Schnitzel. Guten Appetit!

Danke! Ich hatte aber auch Ketchup bestellt.

Oh Entschuldigung, das habe ich vergessen. Einen Moment bitte.

Kein Problem!

Hier ist ihr Ketchup.

Danke!

Hat es geschmeckt?

Ja, sehr gut. Danke!

Möchten Sie die Dessertkarte?

Nein, danke! Die Rechnung, bitte.

Das macht dann 12,90 Euro, bitte.

14 bitte.

Danke. Auf Wiedersehen und schönen Tag noch.

Danke gleichfalls. Tschüss.

Mehrsprachigkeit

Niveau	ab A1
Stundenthema	Vorlesen eines zwei- bzw. mehrsprachigen Bilderbuches
Vorbereitung	Vorheriges Üben der zu lesenden Abschnitte eines mehrsprachigen Bilderbuches als Leseübung für Zuhause
Besonderer Nutzen	Herkunftssprachen wertschätzen lernen, Stärkung der bilingualen Identität, Sprachaufmerksamkeit erhöhen

Möglicher Ablauf

- Zahlreiche Verlage bieten Texte in verschiedenen Sprachkombinationen an. Wählen Sie ein zweisprachiges Bilderbuch aus und kopieren Sie die Seiten auf DIN-A3-Größe. Laminieren Sie die Kopien. Alternativ können Sie die Buchseiten auch auf Folien ziehen und mit dem OHP arbeiten oder aus deren Scans eine PowerPoint-Präsentation machen.
- Zuerst empfiehlt es sich, die Texte aus dem Bildmaterial zu entfernen, da die Zuhörer meist mit dem Erlesen der fremden Schriften beschäftigt sind und nicht den Klängen der fremden Wörter folgen.
- Im Vorfeld sollten Muttersprachler ihre Textausschnitte zu Hause geübt haben.
- Sorgen Sie für eine angenehme, vorbereitete Lernumgebung, indem Sie z. B. vorher mit den Schülern den Klassenraum mehrsprachig gestalten und die Vorlesestühle in besonderer Art dekorieren.
- Zu Beginn bitten Sie die Klasse, einen Kinokreis zu bilden.
- Der Arbeitsauftrag an die Zuhörer beschränkt sich zunächst darauf, sich auf die ungewöhnlichen Lautstrukturen der fremden Sprachen einzulassen.
- Die Vorleser nehmen mit Ihnen die Plätze auf den Vorlesestühlen ein. Im Wechsel lesen die zuvor ausgewählten Schüler mit Ihnen gemeinsam ein mehrsprachiges Bilderbuch vor, während im Hintergrund die Bilder des Buches gezeigt werden.
- Zum Abschluss folgt eine kurze Reflexion über das Gehörte/Erlebte.
- Weitere unzählige, facettenreiche Aufgaben können im späteren Unterrichtsverlauf oder in anderen Unterrichtsvorhaben bearbeitet werden.

Tipps	▪ Stellen Sie mehrsprachige Wörterbücher, Lexika und Lektüren in verschiedenen Herkunftssprachen zur Verfügung. ▪ Hängen Sie Begrüßungs- und Abschiedsplakate in verschieden Sprachen in den Klassenraum.
Varianten	▪ Ritualisieren Sie den Einstieg; einmal wöchentlich bringt ein Schüler einen kurzen Text, ein Gedicht oder einen Ausschnitt aus seinem Lieblingsbuch mit und trägt es in seiner Herkunftssprache vor. ▪ Laden Sie Eltern als Lesepaten ein. ▪ Erstellen Sie ein Buch in mehreren Sprachen, in dem jede Buchseite in einer anderen Sprache verschriftlicht wird. ▪ Stellen Sie Wörterlisten und Sprachenbüchlein in mehreren Sprachen her.

Oberbegriffe finden

Niveau	ab A1
Stundenthema	Einkaufen im Supermarkt
Vorbereitung	Lebensmittel, Arbeitsblatt mit Tabelle der Oberbegriffe zum Mitschreiben
Besonderer Nutzen	Kombination von Semantisierungstechnik durch Ober- und Unterbegriffe mit Hilfe von realen Gegenständen, Steigerung der Behaltensleistung der Wörter durch das Ansprechen des visuellen wie auch des haptischen Wahrnehmungskanals

Möglicher Ablauf

- Positionieren Sie vor der Tafel eine ausreichend große Anzahl an Tischen und schreiben Sie eine Oberkategorie hinter den jeweiligen Tisch an die Tafel (mögliche Oberkategorien sind z. B.: *Getränke, Obst, Gemüse, Süßigkeiten* etc.). Platzieren Sie die verschiedenen in der vorausgegangenen Stunde besprochenen Lebensmittel auf dem Lehrerpult.
- Fordern Sie die Schüler wechselnd auf, die einzelnen Lebensmittel den zugehörigen Tischen zuzuordnen. Die Schüler notieren sich die einzelnen Lebensmittel unter den entsprechenden Oberbegriffen auf ihrem Arbeitsblatt.
- Fragen Sie die Schüler, ob sie selbst Gegenstände in ihrer Tasche haben, die in die einzelnen Oberkategorien passen würden und fordern Sie sie auf, diese ebenfalls auf den passenden Tisch zu legen.
- Ermuntern Sie die Schüler, weitere Lebensmittel zu nennen, die nicht als Realien in der Klasse vorliegen und diese entsprechend den Oberbegriffen zuzuordnen. Halten Sie die Ergebnisse unter den jeweiligen Oberkategorien an der Tafel fest.

Tipps	▪ Nutzen Sie die Lebensmittel auch im weiteren Verlauf der Stunde, beispielsweise in einem Rollenspiel über einen Einkauf im Supermarkt. ▪ Reflektieren Sie mit den Schülern den Einstieg. ▪ Erarbeiten Sie mit den Schülern die Semantisierungstechnik in Ober- und Unterbegriffe als eine Methode der eigenen Wortschatzarbeit.
Varianten	▪ Ergänzen Sie die Lebensmittel durch die dazugehörigen Artikel. ▪ Nutzen Sie die Methode auch für andere Oberbegriffe und Themenfelder (z. B. Herstellungsmaterial von Gegenständen, bedeutungsähnliche Wörter in Wortfeldern).

Adjektiv – Nomen – Verb

Niveau	ab A1
Stundenthema	Wiederholung der Wortarten Adjektiv, Nomen und Verb
Vorbereitung	keine
Besonderer Nutzen	Reaktivieren des Wortschatzes durch Kategorisierung ähnlich wie beim Spiel „Stadt-Land-Fluss"

Möglicher Ablauf

- Fordern Sie die Schüler auf, eine Tabelle mit vier Spalten in ihr Heft zu zeichnen oder geben Sie eine Kopiervorlage aus.
- Erklären Sie den Schülern die Spielregeln und legen Sie die Punkteverteilung fest.
- Machen Sie eine Proberunde, indem Sie das Alphabet leise aufsagen und einen Schüler oder eine Schülerin bitten, „Stopp" zu sagen. Sprechen Sie den Buchstaben, bis zu dem Sie gelangt sind, laut aus.
- Die Schüler suchen nun Adjektiv, Nomen und Verb mit diesem Anfangsbuchstaben.
- Der erste Schüler, der alle Spalten ausgefüllt hat, sagt wieder „Stopp" und alle Schüler hören augenblicklich auf zu schreiben, vergleichen ihre Ergebnisse und füllen die Punktespalte entsprechend aus.
- Es bietet sich in größeren Klassen an, die Klasse in zwei bis drei Gruppen zu teilen, um die tatsächliche Spielzeit zu erhöhen.

Tipps	■ Lassen Sie die Schüler nach der ersten Vorführrunde das Spiel selbstständig weiter fortführen. Achten Sie lediglich darauf, dass die Spielsprache der Schüler weiterhin Deutsch ist. Durch den Wettbewerbscharakter des Spiels bieten sich für die Schüler hier authentische Diskussionssituationen, beispielsweise, wenn Schüler Wörter aufschreiben, die es nicht gibt oder die ihren Mitspielern unbekannt sind. Greifen Sie nur in letzter Instanz als Schiedsrichter ein.
Varianten	■ Der Einstieg eignet sich natürlich auch in der klassischen Variante mit den Kategorien Stadt, Land, Fluss für den landeskundlichen Unterricht. ■ Für fortgeschrittene Schüler können in der Tabelle weitere Wortarten ergänzt werden, z. B. Präpositionen, Adverbien, trennbare Verben etc.

Wort-Bild-Karten

Niveau	ab A1
Stundenthema	Meine Wohnung – Einführung in den neuen Wortschatz zum Thema Möbelstücke und Elektrogeräte
Vorbereitung	Wortkarten mit Singular- und Plural-Form sowie Artikel des zu erlernenden Nomens, Bildkarten mit Abbildung des neuen Wortes
Besonderer Nutzen	Kooperative Erarbeitung des neuen Wortschatzes, individuelle Vorkenntnisse können mit eingebracht werden

Möglicher Ablauf

- Teilen Sie die Schüler in Gruppen ein. Jede Gruppe bekommt jeweils einen Satz mit Wortkarten und einen Satz mit Bildkarten ausgehändigt.
- Die Schüler reaktivieren ihr individuelles Vorwissen und überlegen gemeinsam, welche Bildkarte zu welchem Wort passen könnte und ordnen diese einander zu.
- Sichern Sie den neu erarbeiteten Wortschatz zentral und nutzen Sie die Wort- und Bildkarten, um sie den Oberbegriffen „Möbel“ und „Elektrogeräte“ zuzuweisen.
- Nutzen Sie die Wort-Bildkarten zur Wiederholung und Vertiefung in den kommenden Stunden.

Tipps	▪ Nutzen Sie gezielt die Heterogenität im Bereich Wortschatz in Ihrer Lerngruppe und nehmen Sie entsprechend die Gruppenzuordnung vor.
Varianten	▪ Ersetzen Sie auf einem höheren Sprachniveau die Bildkarten durch Lückentexte, in die das neue Wort eingesetzt werden muss. ▪ Ebenso können Sie zu diesem Zweck Definitionskarten verwenden. ▪ Fordern Sie Schüler auf, Fotos von Dingen zu machen, deren Namen sie nicht kennen. Bauen Sie diese danach an passender Stelle in Ihre Arbeit mit den Wort-Bild-Karten ein.

Suchsel

Niveau	A1 und höher
Stundenthema	Einkaufen im Supermarkt: Nomen mit „i" und „ie" – Erarbeitung von Rechtschreibregeln für das kurze „i" und das lange „ie"
Vorbereitung	Arbeitsblatt mit themenspezifischem Suchsel (siehe Material), Suchsel als OHP-Folie, Folienschnipsel oder DIN-A3-Blatt für die im Suchsel gefundenen Wörter
Besonderer Nutzen	Bessere Unterscheidung von langen und kurzen Vokalen auf rein auditiver Ebene durch spezielle Strategien

Möglicher Ablauf

- Teilen Sie das Suchsel (siehe Material) mit dem in der vorausgegangenen Stunde erarbeiteten Wortschatz zum Thema Lebensmittel aus. Generatoren für die Erstellung eines Suchsels finden Sie im Internet.
- Lassen Sie die Schüler nach der Bearbeitungszeit jeweils zu zweit nach vorne kommen. Ein Schüler markiert mit einem Folienstift das gefundene Wort im Suchsel, ein weiterer schreibt das gefundene Wort auf einen Folienschnipsel oder einen DIN-A3-Zettel, bis das Suchsel gelöst ist.
- Nutzen Sie die entstandenen Folienschnipsel und DIN-A3-Zettel zu einer ersten Systematisierung von Wörtern mit kurzem „i" und mit langem „ie" und leiten Sie in der Erarbeitungsphase mit den Schülern ein Regelsystem ab (siehe Material).
- In offenen Silben, die auf einen Vokal oder Diphthong (hier „ie") enden, ist das „i" lang. In geschlossenen Silben, die auf einen Konsonanten enden, ist das „i" kurz. Besonders bei Fremdwörtern ist dies teils nicht zutreffend (z. B. bei „kollektiv"). Dies spielt jedoch mit Rücksicht auf den Lernstand der Schüler vorerst keine Rolle und kann zu einem späteren Zeitpunkt geklärt werden.

Tipps	■ Passen Sie den Schwierigkeitsgrad des Suchsels durch die Verkleinerung oder Vergrößerung des Suchfeldes an die Leistungsfähigkeit der Lerngruppe an.
Varianten	■ Nutzen Sie die Arbeit mit Suchseln auch für weitere Bereiche der wiederholenden Wortschatzarbeit und für Rechtsschreibeübungen. ■ Geben Sie schon während die Schüler das Suchsel erarbeiten eine Folie zum Eintragen der bereits gefundenen Wörter herum, um die Besprechung der Fundstücke abzukürzen.

Material

Suche die Wörter und schreibe sie mit dem Artikel in dein Heft.

Wiege Esstisch Teppich Waschmaschine Bilderrahmen
Vitrine Geschirrspüler Sitzsack Mikrowelle Gardine
Schreibtisch Liegestuhl Nachttisch Spiegel Schirmlampe

S	B	W	I	E	G	E	E	I	L	Y	N	L	R	N
C	I	X	A	P	G	S	W	K	I	M	V	O	G	A
H	L	S	B	T	Ä	S	P	I	E	G	E	L	E	C
R	D	I	N	T	Q	T	R	Z	G	M	Y	P	S	H
E	E	T	E	P	P	I	C	H	E	I	A	P	C	T
I	R	Z	G	R	P	S	Ä	P	S	K	S	Ü	H	T
B	R	S	A	T	N	C	Ö	Y	T	R	D	Ä	I	I
T	A	A	R	O	M	H	K	C	U	O	F	S	R	S
I	H	C	D	A	Q	Y	T	V	H	W	H	V	R	C
S	M	K	I	F	I	U	E	N	L	E	P	I	S	H
C	E	W	N	E	J	Z	U	M	Z	L	I	T	P	R
H	N	E	E	N	H	R	T	E	T	L	U	R	Ü	T
X	C	N	V	B	G	W	Q	Ä	R	E	Q	I	L	Z
T	W	A	S	C	H	M	A	S	C	H	I	N	E	B
S	C	H	I	R	M	L	A	M	P	E	W	E	R	N

Lösung

S	B	W	I	E	G	E	E	I	L	Y	N	L	R	N
C	I	X	A	P	G	S	W	K	I	M	V	O	G	A
H	L	S	B	T	Ä	S	P	I	E	G	E	L	E	C
R	D	I	N	T	Q	T	R	Z	G	M	Y	P	S	H
E	E	T	E	P	P	I	C	H	E	I	A	P	C	T
I	R	Z	G	R	P	S	Ä	P	S	K	S	Ü	H	T
B	R	S	A	T	N	C	Ö	Y	T	R	D	Ä	I	I
T	A	A	R	O	M	H	K	C	U	O	F	S	R	S
I	H	C	D	A	Q	Y	T	V	H	W	H	V	R	C
S	M	K	I	F	I	U	E	N	L	E	P	I	S	H
C	E	W	N	E	J	Z	U	M	Z	L	I	T	P	R
H	N	E	E	N	H	R	T	E	T	L	U	R	Ü	T
X	C	N	V	B	G	W	Q	Ä	R	E	Q	I	L	Z
T	W	A	S	C	H	M	A	S	C	H	I	N	E	B
S	C	H	I	R	M	L	A	M	P	E	W	E	R	N

Material

Langes „i" oder „ie"

W**ie**-ge

Wasch-ma-sch**i**-ne

V**i**-tr**i**-ne

M**i**-kro-wel-le

Gar-d**i**-ne

L**ie**-ge-stuhl

Sp**ie**-gel

→ Hat das Wort ein „ie", wird der Vokal lang ausgesprochen.
→ Hat das Wort ein „i", das am Ende der Silbe steht, wird der Vokal lang ausgesprochen.

Kurzes „i"

Ess-t**i**sch

Tepp-**i**ch

B**i**l-der-rah-men

Ge-sch**i**rr-spü-ler

S**i**tz-sack

Schreib-t**i**sch

Nacht-t**i**sch

Sch**i**rm-lam-pe

→ Hat das Wort ein „i", das nicht am Ende einer Silbe steht, wird der Vokal kurz ausgesprochen.

Bildinhalte benennen

Niveau	ab A1
Stundenthema	Mein Zimmer – eine Beschreibung des eigenen Zimmers schreiben
Vorbereitung	Hausaufgabe: Handyfoto vom eigenen Zimmer oder eines aus dem Internet auf dem Handy speichern oder evtl. dem Lehrer per E-Mail zuschicken
Besonderer Nutzen	Kennenlernen des privaten Lebensumfeldes der Mitschüler

Möglicher Ablauf

- Fordern Sie die Schüler auf, ihr Handy an den Computer anzuschließen oder Ihnen das gemachte Bild zuzuschicken und projizieren Sie es mit dem Beamer an die Wand
- Ebenso können Sie ein eigenes Foto von einem Zimmer an die Wand werfen.
- Fordern Sie die Schüler auf, alle Möbelstücke und Elektrogeräte auf dem Foto mit dem entsprechenden Artikel zu nennen, um das in den letzten Stunden erarbeitete Vokabular zu wiederholen.
- Lassen Sie die Schüler raten, wer in dem Zimmer auf dem Bild wohnen könnte.

Tipps	▪ Bringen Sie selbst ein Foto eines Zimmers mit und besprechen Sie es zuerst, um den Schülern eventuelle Hemmungen zu nehmen bzw. der Klasse Ihren Privatbereich zu zeigen. ▪ Fordern Sie Ihre Schüler auf, in ganzen Sätzen zu sprechen, entlasten Sie wenn nötig die Schüleräußerungen vor, indem Sie Bildbeschreibungsphrasen an die Tafel schreiben, z. B.: *Im Vordergrund sieht man … Rechts/links auf dem Bild sieht man … Zwischen dem/der … und … sieht man …* etc.)
Varianten	▪ Führen Sie den Einstieg in Vierergruppen durch, falls die Schüler ihre Zimmer nicht in der Klasse zeigen möchten. ▪ Halten Sie alle genannten Möbelstücke und Elektrogeräte mit dem Artikel und der Pluralform an der Tafel fest.

Wie spät ist es?

Niveau	ab A1
Stundenthema	Die Uhrzeit – situationsangemessene Verwendung formeller und informeller Zeitangaben über ein Paarefinden-Spiel
Vorbereitung	Ausschneiden der Karten auf der Kopiervorlage
Besonderer Nutzen	Spontane Ansage der Uhrzeit lernen

Möglicher Ablauf

- Die Schüler sollten bereits zuvor die Formen der formellen (z. B. *13 Uhr 30*) und informellen (z. B. *halb zwei*) Zeitangabe kennengelernt haben.
- Teilen Sie die Karten mit den Abbildungen der Uhrzeit und mit den ausgeschriebenen Uhrzeiten aus. Erklären Sie den Schülern die Spielregeln des Paarefinden-Spiels und setzen Sie sie in Vierergruppen zusammen.
- Geben Sie einen festen Zeitrahmen vor, in dem gespielt wird. Falls einige Gruppen das Spiel in diesem Zeitrahmen nicht beenden, gewinnt auch hier der Spieler mit den meisten Karten. Die Gruppen mit erfolgreichem Ausgang und einem Gewinner können es ein zweites Mal spielen.

Tipps	▪ Laminieren Sie die Spielkarten, um Sie mehrmals verwenden zu können.
Varianten	▪ Setzen Sie das Spiel auch bei der Wiederholung und Einübung anderer Wortfelder ein. ▪ Lassen Sie die Schüler eigene Karten entwerfen, z. B. mit Vokabeln, die den Schülern besonders schwerfallen.

Material

Material

Es ist halb eins.

Es ist elf Uhr fünfunddreißig.

Es ist acht Uhr zwanzig.

Es ist zwanzig vor sechs.

Es ist fünf nach vier.

Es ist fünfzehn Uhr fünfundzwanzig.

Es ist zwei Uhr.

Es ist zehn nach neun.

Es ist sieben Uhr zwanzig.

Es ist halb fünf.

Es ist Viertel nach vier.

Es ist kurz vor zwölf.

Partizipien-Fußball

Niveau	ab A2
Stundenthema	Wortschatzübung für Partizipien
Vorbereitung	Schülervokabelheft mit dem behandelten Infinitiv und Partizip des Verbs, ein Fußballfeld mit Mittelkreis, Strafraum und Toren auf OHP-Folie
Besonderer Nutzen	Wiederholung der Partizipien in einer Wettbewerbssituation

Möglicher Ablauf

- Teilen Sie die Klasse in zwei gleich große Hälften und schreiben Sie den Teamnamen der beiden Gruppen an die Tafel. Legen Sie die Folie auf den OHP und einen runden Papierschnipsel in den Mittelkreis des Feldes als Spielball.
- Bestimmen Sie einen Schüler, der die Infinitive der Partizipien abfragt und einen Schüler, der den Spielball verschiebt und die Punkte notiert.
- Es steht jeweils ein Schüler aus jeder Gruppe auf und der Abfrager liest einen Infinitiv vor. Wer als Erstes das Partizip zum Infinitiv nennt, dessen Ball verschiebt sich vor den Strafraum der gegnerischen Mannschaft.
- Die nächsten Schüler stehen auf und der Abfrager liest wieder einen Infinitiv vor. Wenn die Gruppe, die schon bei der letzten Frage die schnellste war, erneut gewinnt, fällt ein Tor. Wenn die andere Gruppe das Partizip schneller nennt, verschiebt sich der Ball zurück zum Mittelkreis.

Tipps	▪ Achten Sie genau darauf, dass nur die Spieler antworten, die gerade stehen und nichts vorgesagt wird. ▪ Falls keiner der beiden Schüler die Antwort kennt, geht die Frage weiter an die Klasse, es werden jedoch keine Punkte für die richtige Antwort vergeben.
Varianten	▪ Übernehmen Sie das Vorlesen und die Punkteverteilung bei der Einführung des Spieles vorerst selbst, um den Schülern die Aufgaben des Punkteverteilers und Abfragers zu verdeutlichen.

Material

© Fotolia/pico

Assoziogramm mit Bildimpuls

Niveau	ab A1
Stundenthema	Eine Geschichte schreiben
Vorbereitung	Ein möglichst groß ausgedrucktes Bild als Impuls
Besonderer Nutzen	Vorentlastung der Schreibphase durch den gemeinsamen Austausch von Ideen in der Klasse

Möglicher Ablauf

- Befestigen Sie ein möglichst großformatiges Bild oder eine Bildergeschichte an der Tafel, so dass es für alle Schüler zu erkennen ist. Geeignet sind hier beispielsweise die Bildergeschichten über „Vater und Sohn" von *Erich Ohser*. Fordern Sie die Schüler auf, Dinge zu nennen, die ihnen zu dem Bild oder den Bildern in den Sinn kommen.
- Notieren Sie die Ideen in Stichworten um das Bild oder die Bilder herum.
- Fordern Sie die Schüler auf, sich drei oder vier der an der Tafel gesammelten Ideen auszusuchen und hierüber eine kurze Geschichte auf Grundlage des Bildes oder der Bilder zu schreiben.

Tipps	▪ Unterstützen Sie die Schüler binnendifferenziert durch Formulierungshilfen. ▪ Nutzen Sie Bilder, die in ihrer Aussage nicht zu eindeutig sind, um die Vorstellungskraft der Schüler zu wecken. ▪ Suchen Sie nicht zu abstrakte und schülernahe Bilder aus, z. B. Alltagsszenen oder Bilder mit den Schülern vertrauten Charakteren.
Varianten	▪ Nutzen Sie W-Fragen als Oberpunkte bei der Ideensammlung.

Einen Bericht mithilfe von Clustern schreiben

Niveau	ab A1
Stundenthema	Im Praktikumsbetrieb – Tätigkeitsbeschreibungen während eines Schülerpraktikums
Vorbereitung	Vorheriges Lesen eines Praktikumsberichts als Beispieltext
Besonderer Nutzen	Vorentlastung der Schreibphase durch ein Assoziogramm

Möglicher Ablauf

- Ein Assoziogramm dient der Vorentlastung der nachfolgenden Schreibphase. Die Schüler können sich bei Verfassen ihres Berichts an dem Assoziogramm orientieren. Schwächere Schüler können sich eng an die gemeinsam erarbeitete Vorlage halten, stärkere Schüler können auch von der Vorlage abweichen, um eigene Ideen einzubringen.
- Schreiben Sie in die Mitte der Tafel „*Sätze für einen Praktikumsbericht*".
- Fordern Sie die Schüler auf, Sätze zu nennen, die in einem Praktikumsbericht stehen können. Die Schüler dürfen dabei auch ihre Aufzeichnungen aus der notwendigerweise vorausgegangenen Stunde (Lesen eines Praktikumsberichts) als Vorlage nutzen.
- Schreiben Sie die genannten Sätze als Satzbausteine an die Tafel. Versuchen Sie, beim Tafelanschrieb bereits die Wortmeldungen thematisch zu strukturieren.
- Fordern Sie die Schüler auf, Oberbegriffe für die genannten Sätze zu finden. Kategorien könnten z. B. *Ich, das Unternehmen, Arbeitszeiten* etc. sein.
- Nun sollen die Schüler die Abfolge ihrer Satzbausteine richtig kombinieren.
- Nummerieren Sie die Satzbausteine gemäß ihrer Abfolge im Praktikumsbericht.

Tipps	▪ Bei der Nutzung von DIN-A4-Zetteln, die an der Tafel befestigt werden, können Sie die einzelnen Wortmeldungen durch Verschieben der Zettel noch besser ordnen.
Varianten	▪ Nutzen Sie das Assoziogramm nicht nur für die Sammlung von Satzbausteinen, sondern auch für den inhaltlichen Aufbau des Praktikumsberichts.

Erlebnisbericht

Niveau	ab A1
Stundenthema	Mein Wochenende – einen Erlebnisbericht schreiben
Vorbereitung	Wochentage sowie grundlegendes Vokabular zu Freizeit und Hobbys
Besonderer Nutzen	Gegenseitiges Kennenlernen in neu geformten Klassen

Möglicher Ablauf

- Der Einstieg dient besonders in neu geformten Klassen zum gegenseitigen Kennenlernen der Schüler und ist durch den Lebensweltbezug sehr schülernah und motivierend.
- Fordern Sie die Schüler auf, ihren Namen und drei Dinge in ganzen Sätzen auf einen Zettel aufzuschreiben, die sie am Freitag, Samstag und Sonntag machen.
- Sammeln Sie die Zettel ein, mischen Sie die Zettel und verteilen Sie die Zettel neu. Lassen Sie die Schüler die Zettel vorlesen und die Mitschüler raten, um welche Person in der Klasse es sich handeln könnte.

Tipps	▪ Unterstützen Sie die Schüler während der Phase der Textproduktion, um in der Phase des Vorlesens möglichst korrekte Texte zu erhalten. ▪ Fordern Sie die Schüler auch beim Raten des Namens auf, in ganzen Sätzen zu sprechen. Entlasten Sie die Wortmeldung bei Bedarf mit Satzbausteinen.
Varianten	▪ Fordern Sie die vorlesenden Schüler auf, die 1. Person Singular des Ausgangstextes in die entsprechende Form in der 3. Person Singular spontan umzuwandeln. ▪ Projizieren Sie als Maßnahme zur Binnendifferenzierung verschiedene Hobbys mit entsprechenden Bildern oder mögliche Satzbausteine an die Wand. ▪ Fordern Sie die Schüler in fortgeschrittenen Lerngruppen auf, über ihr vergangenes oder das kommende Wochenende unter Nutzung des entsprechenden Tempus zu schreiben.

Schreibgespräch mit Platzdeckchen

Niveau	ab A2
Stundenthema	Handynutzung – Pro und Contra
Vorbereitung	Kopien von Platzdeckchen für jede Gruppe im DIN-A3-Format, bei Bedarf eine Erklärung und Einübung der Methode
Besonderer Nutzen	Kooperative Lernform, die die individuelle Verantwortlichkeit fördert

Möglicher Ablauf

- In der kooperativen Lernform ist die individuelle Verantwortlichkeit jedes Schülers für das Gruppenergebnis hoch. Auch stille Schüler können sich durch die Arbeitsform besser einbringen.
- Teilen Sie die Klasse in Vierergruppen auf. Jedes Gruppenmitglied sitzt an einem Ende des Tisches, so dass alle Gruppenmitglieder gleichzeitig schreiben können.
- Schreiben Sie folgende Aufgabenstellung an die Tafel oder auf Folie:
  Viele Jugendliche und Kinder haben heutzutage ein Handy.
  Schreibe die Vorteile und die Nachteile eines Handys auf das Platzdeckchen.
- Geben Sie den Schülern fünf Minuten Zeit, um ihre Ideen zu den Vor- und den Nachteilen der Handynutzung in ihr Feld des Platzdeckchens zu schreiben.
- Im Anschluss erhalten die Schüler dann jeweils zwei bis drei Minuten Zeit, um die Argumente ihrer Gruppenmitglieder zu kommentieren oder zu ergänzen.
- Fordern Sie die Schüler auf, innerhalb ihrer Gruppe die beiden besten oder am häufigsten genannten Argumente in der Mitte des Platzdeckchens als Gruppenergebnis festzuhalten.

Tipps	Projizieren Sie während der Bearbeitung Formulierungshilfen zur Meinungsäußerung mit dem OHP an die Wand.
Varianten	Variieren Sie je nach Leistungsstand der Lerngruppe den Bearbeitungszeitraum.

Wimmelbilder als Schreibimpuls

Niveau	ab A2
Stundenthema	Der Lokalreporter – Schreiben von kurzen Zeitungsartikeln über Ereignisse in der Stadt
Vorbereitung	Wimmelbild zum Straßenverkehr, möglichst in Farbe und großformatig als Folie, oder Bild für die Dokumentenkamera
Besonderer Nutzen	Eine Vielzahl an Sprech- und Schreibanlässen durch bildlich dargestellte Situationen

Möglicher Ablauf

- Projizieren Sie ein Wimmelbild an die Wand. Fordern Sie die Schüler auf, das Bild zu beschreiben.
- Bei schwächeren Lerngruppen können Sie als Vorentlastung das entsprechende Vokabular zu der Straßenszene wiederholen.
- Mit stärkeren Lerngruppen können Sie sofort in die Sprechsituation übergehen, indem Sie die Schüler die verschiedenen Szenen innerhalb des Wimmelbildes beschreiben lassen.
- Fragen Sie die Schüler, welche Szenen sie für besonders interessant halten und über die ein Lokalreporter in der Zeitung vielleicht berichten könnte.
- Erarbeiten Sie mit den Schülern beispielhaft eine Szene, indem Sie die sechs W-Fragen *Was? Wer? Wo? Wann? Wie? Warum?* zum Schreiben eines Zeitungsartikels für die Szene beantworten.
- Fordern Sie in der folgenden Erarbeitungsphase die Schüler zum Schreiben eines eigenen Zeitungsartikels auf.

Tipps	■ Projizieren Sie das Wimmelbild möglichst großflächig und möglichst in Farbe an die Wand, so dass wirklich alle Details für die Schüler zu erkennen sind. ■ Eine ergiebige Quelle für Wimmelbilder mit Straßenszenen sind beispielsweise Wimmelbücher für Kinder, die auch oft bereits recht großformatig gedruckt werden.
Varianten	■ Nutzen Sie Wimmelbilder als Gesprächsanlässe oder Vokabelübungen ohne einen anschließenden Schreibauftrag.

Schreib drauf los!

Niveau	B1
Stundenthema	Kreatives Schreiben
Vorbereitung	Schreibimpuls, der thematisch in die Unterrichtsreihe passt, ggf. durch Vorentlastung durch Vokabeln
Besonderer Nutzen	Völliges Eintauchen in die deutsche Sprache, ohne auf Fehler zu achten, Stärkung der Selbstsicherheit

Möglicher Ablauf

- Die Schüler sollen durch kreatives Schreiben völlig in die deutsche Sprache eintauchen. Sie gewinnen Selbstsicherheit, weil sprachliche Fehler dabei ignoriert und ihr Ausdrucksvermögen und ihre Kreativität wertgeschätzt werden.
- Geben Sie Ihrer Klasse einen Schreibimpuls, z. B.:
  - *„Wenn ich tausend Euro hätte …"*
  - *„Meine perfekten Sommerferien …"*.
- Stellen Sie folgende Regeln auf:
  - *Erst habt ihr eine Minute Denkzeit. Dabei darf der Stift nicht angefasst werden.*
  - *Dann bekommt ihr fünf Minuten Schreibzeit. Dabei darf der Stift nicht abgesetzt werden.*
- Nach der Arbeitsphase sollten Sie reflektieren, welche Vor- und Nachteile so ein spontanes Schreiben mit sich bringt. Es kann z. B. darauf eingegangen werden, dass eine vorherige Systematisierung der Ideen zu qualitativ hochwertigeren Texten führt, dass der Schreibfluss jedoch auch durch zu viele Vorgaben eingeschränkt wird.
- Im weiteren Verlauf der Stunde sollten Sie weitere kreative Texte verfassen lassen, dabei aber die oben genannten Regeln lockern bzw. neue einführen, z. B.: *Es muss zunächst ein Konzeptpapier erstellt werden.*
- Zum besseren Kennenlernen innerhalb der Klasse bietet es sich beispielsweise an, ein reales Ereignis aus dem eigenen Leben und zwei fiktive zu verfassen.
- Anschließend kann der Rest der Klasse mutmaßen, welche der Geschichten wahr und welche erfunden sind.

Tipps	Diese Stunde ist nur für motivierte fortgeschrittene Gruppen geeignet.
Varianten	Der Schreibimpuls kann auch über ein Bild erfolgen (z. B. ein Wimmelbild, siehe weiter oben).

Aus Wortsalat eine Mindmap erstellen

Niveau	ab A1
Stundenthema	Methodentraining – Erstellen einer Mindmap mit Ober- und Unterkategorien
Vorbereitung	Folienschnipsel oder DIN-A4-Zettel mit den verschiedenen Wortarten und Wörtern für den Wortsalat
Besonderer Nutzen	Mindmap als Strukturierungshilfe für das eigene Lernen nutzen

Möglicher Ablauf

- Voraussetzung ist, dass die Schüler die fünf Wortarten Nomen, Adjektiv, Verb, unbestimmter Artikel und bestimmter Artikel kennen.
- Legen Sie die Folienschnipsel (siehe Material) auf den OHP oder befestigen Sie die DIN-A4-Zettel mit den Wortarten und Wortbeispielen mit Magneten in willkürlicher Ordnung an der Tafel.
- Fragen Sie die Schüler, welche Gemeinsamkeit die verschiedenen Zettel/Folienschnipsel haben könnten.
- Fordern Sie die Schüler auf, die Zettel oder Folienschnipsel sinnvoll zu ordnen.

Tipps	▪ Fügen Sie dem Wortsalat je nach Lernstand weitere Wortarten und entsprechende Beispiele hinzu oder lassen Sie noch nicht behandelte Wortarten weg. ▪ Schlagen Sie den Schülern vor, auch mit Verbindungslinien zwischen den Kategorien an der Tafel zu arbeiten. Falls Sie mit Folienschnipseln arbeiten, nutzen Sie eine weitere Folie als Unterlage, um mit einem Folienstift Linien ziehen zu können.
Varianten	▪ Verwenden Sie den Einstieg auch für andere Themenbereiche, bei denen eine Strukturierung in einer Mindmap sinnvoll ist.

Material

Nomen	das	gehen
sein	Verb	die
der Stuhl	bestimmter Artikel	Adjektiv
schön	ein	alt
eine	unbestimmter Artikel	die Schule
das Auto	lernen	Wortart

Paraphrasieren

Niveau	ab A2
Stundenthema	Methodentraining – Strategien für das Paraphrasieren von Wörtern
Vorbereitung	Folienschnipsel oder DIN-A4-Zettel mit Wörtern, Umschreibungen und Strategien
Besonderer Nutzen	Unbekannte Wörter zu umschreiben lernen

Möglicher Ablauf

- Durch die Strategie des Paraphrasierens soll den Schülern ermöglicht werden, Wörter, die ihnen gerade nicht einfallen oder die ihr Gegenüber nicht versteht, anders auszudrücken und mit bekannten Wörtern zu umschreiben.
- Legen Sie zuerst nur die Wörter und deren Umschreibungen auf den OHP oder befestigen Sie die DIN-A4-Zettel an der Tafel. Fragen Sie die Schüler, welches Wort zu welcher Beschreibung passt und lassen Sie die Schüler die Zettel oder Folienschnipsel entsprechend zuordnen.
- Wenn die Wörter den Umschreibungen zugeordnet sind, ergänzen Sie die Strategien des Paraphrasierens und fordern Sie die Schüler auf, diese den Wort-Beschreibungsbeispielen zuzuweisen.
- Nutzen Sie das im Einstieg entworfene Gerüst, um den Schülern in der folgenden Erarbeitungsphase die Zuordnung weiterer Beispiele zu erleichtern und sie eigene Beispiele für die jeweiligen Strategien finden zu lassen.

Tipps	▪ Fordern Sie die Schüler auf, das Paraphrasieren gezielt als Strategie des Vokabellernens zu nutzen. ▪ Besonders in Klassen mit verschiedenen Herkunftssprachen eignet sich die Methode des Paraphrasierens auch besonders gut für Vokabeltests.
Varianten	▪ Lassen Sie die Schüler selbst Paraphrasierungen als Grundlage für Vokabeltests erstellen. ▪ Bei stärkeren Lerngruppen können Sie die Schüler selbst Strategien formulieren lassen, die den einzelnen Wörtern und entsprechenden Beschreibungen zu Grunde liegen.

Material

Strategie	Wort	Beschreibung
Beschreibung	der Stuhl	Es ist etwas mit vier Beinen und einer Lehne.
Nutzung	der Herd	Man kann damit kochen.
Oberbegriff	der Wolkenkratzer	Es ist ein sehr hohes Haus.
Gegenteil	groß	Es ist das Gegenteil von klein.
ähnliches Wort	prima	Es ist so ähnlich wie „super“.

Hörstrategien

Niveau	A2
Stundenthema	Hörstrategien anwenden und reflektieren
Vorbereitung	Zwei komplexe Hörtexte
Besonderer Nutzen	Hörstrategien entwickeln und situationsbedingt auswählen lernen

Möglicher Ablauf

- Die Schüler sind im deutschen Alltag ständig mit teils auch komplexen Hörsituationen konfrontiert. Sie müssen daher befähigt werden, aus einem Repertoire an Hörstrategien situationsbedingt auszuwählen.
- Geben Sie zu einem komplexen Hörtext den Arbeitsauftrag *„Hört zu und merkt euch alles, was gesagt wird."*
- Die Schüler haben nach einmaligem Hören zwei Minuten Zeit, um alles aufzuschreiben, was im Hörtext vorkommt.
- Reflektieren Sie dann die Vorgehensweise. Die meisten Schüler waren vermutlich mit der Aufgabe überfordert.
- Thematisieren Sie anschließend alternative Hörstrategien und geben Sie der Klasse gruppenweise den Auftrag, diese bei einem neuen Text anzuwenden. Hierbei geht es darum, die Details (z. B. Uhrzeiten), das Allgemeine (übergeordnete Thema) und die Verknüpfungen (z. B. zwischen den Sprechern und den Einstellungen der Uhr) zu begreifen.
- Vergleichen Sie die Ergebnisse und reflektieren Sie erneut, welche Strategie in welchem Zusammenhang sinnvoll ist.

Tipps	▪ In einigen wenigen Hörsituationen kann es durchaus von Nutzen sein, jedes einzelne Wort zu verstehen, z. B. die Arbeitsanweisungen der Lehrperson.
Varianten	▪ Eine ähnliche Stunde kann mit dem Fokus Lesekompetenz durchgeführt werden.

Mein rechter, rechter Platz ist frei

Niveau	A1
Stundenthema	Wiederholung des Alphabets – Buchstabieren lernen
Vorbereitung	Zettel mit je einem Buchstaben des Alphabets
Besonderer Nutzen	Training des Alphabets, Merkfähigkeit in der Gruppe

Möglicher Ablauf

- Das Spiel fördert nicht nur die richtige Verwendung des Alphabets, sondern trainiert auch die Merkfähigkeit sowie die Gruppendynamik in der Klasse.
- Die Schüler sitzen in einem Stuhlkreis mit einem freien Platz. In der Mitte des Kreises stehen fünf Stühle, auf denen ebenfalls vier Lerner sitzen. Alle Teilnehmer ziehen nun verdeckt je einen Buchstaben des Alphabets.
- Der Schüler, der links des freien Platzes sitzt, wünscht sich nun einen „Buchstaben" herbei (z. B. *„Mein rechter, rechter Platz ist frei, ich wünsche mir das B herbei!"*) – ohne zu wissen, wen er eigentlich zu sich bittet.
- Der Spieler mit dem entsprechenden Buchstaben setzt sich nun auf den freien Platz und macht somit transparent, welchen Buchstaben er gezogen hat. Er ist als Nächstes dran.
- Ziel des Spieles ist es, dass auf den fünf Stühlen in der Mitte nur Lerner mit Vokalen sitzen.
- Das Ziel kann nur erreicht werden, wenn die Schüler das Alphabet richtig gelernt haben und während des Spiels miteinander kooperieren, um gemeinsam zu gewinnen.

Tipps	▪ Bei schwächeren Lerngruppen können einmal aufgerufene Kinder ihre Buchstabenkarten offen vor sich halten.
Varianten	▪ In einer zweiten Runde kann das Ziel des Spieles verändert werden: Jetzt sollen nur Mädchen oder nur Jungen in der Mitte sitzen. So kann das Spiel auch als Wettkampf zwischen den beiden Gruppen gestaltet werden.